WAS IST WAS

Dr. Florian Huber
Uli Kunz

OZEANE

Die Meere erforschen und schützen

TESSLOFF

Hier siehst du, wo du bist!

Wo ist was?

Seite 12

Seit Tausenden von Jahren nutzt der Mensch das Meer. Heute ist es unter anderem unser wichtigster Handelsweg.

Die mit ▶ markierten Seiten könnten dich besonders interessieren!

4 Faszination Meer

Seite 21

Bunte Korallenriffe und dichte Kelpwälder: Lerne die vielfältigen Lebensräume nahe der Küste kennen.

16 Meereskunde

Seite 24

Weit draußen auf dem Meer finden viele Tierwanderungen wie die der Buckelwale statt. Doch wem gehört die Hochsee?

Seite **30** *Traumhafte Inseln und faszinierende Unterwasserwelt: Komm mit ins Taucherparadies des Indischen Ozeans!*

28 Ozeane der Erde

38 Gefahren und Chancen

Seite **46** *Städte im Meer? So könnte die Zukunft aussehen, wenn der Meeresspiegel weiter steigt.*

Seite **38** *Erfahre, was unsere Meere belastet und was Mikroplastik ist.*

48 Glossar

Hier findest du die wichtigsten Begriffe kurz erklärt.

Tauchgang am Ende der Welt

Florian »Floh« Huber
Unterwasserarchäologe

Uli Kunz
Meeresbiologe

Endlich geht es los: Mit einem kräftigen Schwung kippen Uli und Floh rückwärts vom Rand des kleinen Bootes und platschen ins warme Wasser. Sie geben sich gegenseitig mit Daumen und Zeigefinger das für Taucher typische Okay-Zeichen und sinken hinab ins tiefe Blau des schier endlosen Pazifiks. Die beiden Forschungstaucher sind nach Mikronesien gereist, genauer gesagt auf das kleine Atoll Chuck Lagoon. Während des Zweiten Weltkriegs haben die US-Amerikaner 1944 hier um die 60 Schiffe der Japaner versenkt. Uli und Floh wollen einige der Schiffswracks etwas genauer unter die Lupe nehmen. Uli ist Meeresbiologe und Fotograf, Floh ist Unterwasserarchäologe. Schon als Kinder waren beide vom Meer fasziniert.

Mikronesien

Der Inselstaat besteht aus über 2 000 kleinen Inseln und Atollen, die auf über sieben Millionen Quadratkilometern des westlichen Pazifischen Ozeans verstreut sind.

Das Wrack der »San Francisco Maru«

Immer tiefer sinken die beiden Wissenschaftler hinab. Auf den ersten 20 Metern sehen sie nichts außer Blau. Doch dann, endlich – die ersten schemenhaften Umrisse eines gewaltigen Wracks, das über 100 Meter lang ist. Geheimnisvoll liegt die »San Francisco Maru« auf dem sandigen Grund. In 45 Metern erreichen Uli und Floh die Brücke, auf der einst der Kapitän stand. Langsam tauchen sie zum Hauptdeck, wo noch ein ganzer Panzer steht. Er ist mittlerweile über und über mit Korallen bewachsen.

Im Bauch des Wracks

Ein paar Flossenschläge weiter und die zwei Taucher verschwinden in einer großen Luke. Schlagartig wird es noch dunkler als vorher und Floh schaltet seine Lampe an. Langsam schwenkt er sie im Raum hin und her, um zu erkennen, was hier unten liegt. Der gesamte Laderaum ist voll mit Minen, Bomben und Panzermunition. Es ist ein gespenstischer und beunruhigender Anblick. Außerdem liegen überall Flugzeugmotoren sowie Öl- und Benzinfässer herum. Einige sind bereits kaputt, aber die meisten dieser 200-Liter-Fässer sind zum Glück noch nicht beschädigt.

Bedrohtes Paradies

Floh nimmt eine Wasserprobe und Uli fotografiert die rostigen Fässer. Sie wollen Beweise dafür sammeln, dass eine Umweltbedrohung kurz bevorsteht. Die beiden wissen, dass fast 10 000 Schiffswracks mit teilweise gefährlichem Inhalt aus dem Zweiten Weltkrieg in unseren Weltmeeren liegen und vor sich hin rosten. Außen sind die Wracks über und über bewachsen und mittlerweile Heimat unzähliger Fische und anderer Meeresbewohner. Doch so schön und beeindruckend die Wracks auch aussehen: Sie sind tickende Zeitbomben. Irgendwann werden die alten Schiffe instabil und dann brechen sie unter ihrem eigenen Gewicht zusammen. Munition und Öl könnten sich dann in den Ozeanen verbreiten und verheerende Umweltschäden anrichten.

Zurück ans Licht

Uli blickt auf seinen Tauchcomputer und gibt Floh ein Zeichen. Zeit zum Auftauchen. In fünf Meter Wassertiefe legen sie noch einen Sicherheitsstopp ein, als sie einen Schwarzspitzen-Riffhai sehen, der ganz friedlich und neugierig Kreise um sie zieht. Zusammen mit dem Grauen Riffhai und dem Weißspitzenhai gehört er zu den häufigsten Arten, die in den flachen Korallenriffen Ozeaniens leben. Während die beiden das wunderschöne Tier beobachten, fragen sie sich, was wohl mit ihm und seinen Artgenossen passieren wird, wenn die Wracks irgendwann zusammenfallen und sich ihr Inhalt in der Lagune ausbreitet.

Friedlicher Jäger

Der Schwarzspitzen-Riffhai wird bis zu zwei Meter groß und frisst am liebsten Fische.

Im Wrack

Mit ihren großen Kameras tauchen Floh und Uli durch die riesigen Schiffswracks **(a)**, *um die alten Ölfässer zu dokumentieren, die sie in den Laderäumen finden* **(b)**.

Die Entstehung der Ozeane

Wenn man am Ufer eines Meeres steht und auf das Wasser hinausblickt, sieht man immer nur ein paar Kilometer weit. Spätestens am Horizont ist Schluss. Und selbst wenn man mit einem Boot hinausfährt, kann man nie überblicken, wie weit die Wasseroberfläche noch reicht. Für uns ist die Größe eines Ozeans kaum zu fassen. Erst aus dem Weltall wird mit Blick auf die Erde klar, dass unser Planet eigentlich zu Unrecht Erde genannt wird. Eigentlich würde der Name Wasser oder Meer viel besser passen: Mehr als 70 Prozent der Erdoberfläche sind mit Wasser bedeckt!

Wasserdampf und Regen

Aber woher kommen diese gewaltigen Mengen Wasser? Wir wissen mittlerweile zwar sehr viel über unseren Planeten, aber diese Frage ist bis heute nicht vollständig beantwortet. Das liegt sicherlich auch daran, dass die Entstehung schon so lange Zeit zurückliegt. Die Erde hat sich vor rund 4,5 Milliarden Jahren aus kleineren, sich verklumpenden Teilen gebildet. Eine Theorie besagt, dass dabei auch viel Wasser eingefangen wurde, das sich dann mit dem Gestein verbunden hat. Durch die Erhitzung der Erde bei ihrer Entstehung und durch andauernde Vulkanausbrüche entwich das Wasser als Dampf. Als sich die heiße Erde langsam abgekühlt hatte, begann es dann irgendwann zu regnen. Und zwar nicht nur einen Tag, sondern vermutlich viele Zehntausende Jahre lang! Die unzähligen Tropfen sammelten sich an der Erdoberfläche und formten schließlich einen Ozean.

Außerirdisches Wasser?

Andere Forscher sind der Meinung, dass ein Großteil des Wassers auf der Erde aus dem Weltall gekommen ist. Viele Kometen und Asteroiden haben einen hohen Wassergehalt und könnten in der Entstehungsgeschichte unserer Erde auf ihr eingeschlagen sein. Bisherige Untersuchungen an einigen Himmelskörpern konnten zeigen, dass sie ein ähnliches Wasser wie das Wasser auf der Erde tragen. Andere Studien wiederum haben Ergebnisse erbracht, die gegen diese Theorie sprechen. Vielleicht wird dieses Rätsel nie gelöst werden. Was aber bleibt, sind die riesigen Meere auf der Erde, die wir heute sehen. Und die Tatsache, dass ohne diese geheimnisvolle Flüssigkeit das Leben niemals entstanden wäre. Die ersten Lebewesen auf der Erde entwickelten sich vor etwa 3,5 Milliarden Jahren in den Ozeanen und waren noch ganz einfach gebaut: Sie bestanden nur aus einer einzigen, winzigen Zelle.

Die blaue Kugel

Diese Ansicht der Erde zeigt sich Astronauten im Weltall, die zurück auf ihren Planeten blicken. Land ist hier nur am Rand zu sehen. Die größte Fläche wird von Wasser bedeckt.

Feuer und Flamme

Über Hunderte Millionen Jahre war die Erde ein lebensfeindlicher Planet, der von Meteoriten bombardiert wurde und nur langsam abkühlte. Durch Vulkanausbrüche kam Wasser an die Oberfläche und schuf so die Grundlage für das Leben.

Urkontinent Pangäa

Vor ungefähr 200 Millionen Jahren hingen alle Landmassen zusammen. Mit der Zeit brachen die heutigen Kontinente langsam auseinander.

Die Berge im Meer

Die Erde ist auch heute noch in ihrem Inneren sehr heiß und zum größten Teil flüssig. Wie große Kirschen auf warmem Milchreis bewegen sich die Kontinente auf unserem Planeten und verändern ständig ihre Lage. Zwischen diesen sogenannten Erd- oder Kontinentalplatten reißt immer wieder der Meeresboden auf. Flüssiges Gestein dringt so an die Oberfläche, schiebt die Kontinente ein Stück weiter auseinander und erkaltet. Dadurch entsteht am Meeresboden eine Kette von Bergen, die mehrere Kilometer hoch werden können. Eigentlich ist dieses Gebirge nichts anderes als ein einziger Vulkan, der sich durch alle Ozeane zieht! Die Bewegungen in der Tiefe des Meeres sorgen nicht nur für das Wandern der Kontinente, sondern auch für Veränderungen der Meeresfläche. Der Atlantische Ozean ist vor ungefähr 150 Millionen Jahren entstanden und wird seitdem immer größer. Dem heute größten Ozean, dem Pazifik, bleibt auf der anderen Seite unserer Erde dagegen immer weniger Platz – er schrumpft.

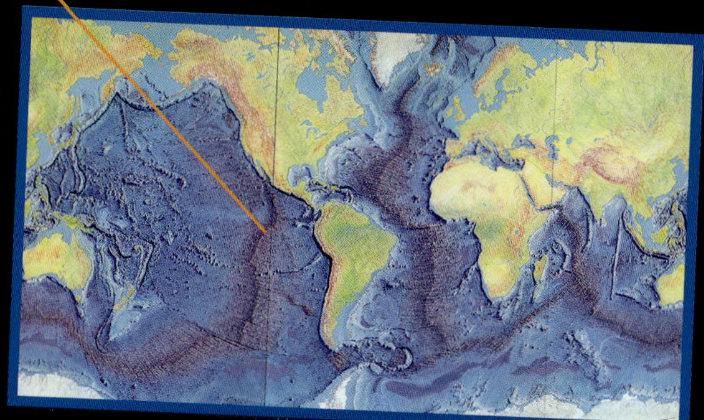

Das längste Gebirge

Die Mittelozeanischen Rücken sind das längste Gebirgssystem der Erde. Mit einer Länge von über 60 000 Kilometern würde es eineinhalb Mal um den Äquator gehen.

Frühe Lebensformen

Die ersten Lebewesen in den Meeren waren Einzeller, die sich nach und nach zu mehrzelligen und komplexen Lebewesen entwickelten. Von diesen Hunderte Millionen Jahre alten Tieren sind heute teilweise noch Fossilien erhalten. Einige davon sind so merkwürdig, dass bei ihrer Entdeckung häufig gar nicht klar war, wo überhaupt vorne und hinten ist. Besonders im Kambrium vor rund 540 Millionen Jahren tauchten viele neue Tierarten auf.

Hallucigenia

Dieses Tierchen war mit einer Größe von drei Zentimetern recht klein. Es hatte auf der Unterseite rundliche Beine wie Tentakel und einen Rücken, der mit stachelartigen Auswüchsen überzogen war.

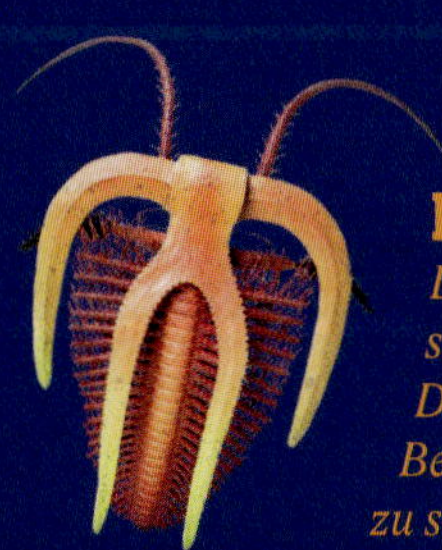

Marrella

Der Gliederfüßer war sehr klein, hatte große Dornen am Kopf und viele Beine, um frei im Wasser zu schwimmen oder über den Meeresboden zu kriechen.

Anomalocaris

Der gefürchtete Urzeiträuber konnte etwa einen Meter groß werden und seine Beute mit zwei Greifern packen. Wie mit kleinen Paddeln schwamm er durch das Wasser und hatte große Stilaugen.

Die Weltmeere

Etwa 71 Prozent der Erdoberfläche sind von Ozeanen bedeckt. Sie sind vor den Küsten der Kontinente jeweils noch in mehrere Nebenmeere unterteilt. Die fünf Ozeane, manchmal auch Weltmeere genannt, unterscheiden sich vor allem durch ihre Größe und Tiefe, aber auch durch Salzgehalt, Wellen, Gezeiten, Sauerstoffgehalt und Meeresströmungen.

Atlantischer Ozean

Der Atlantische Ozean, auch Atlantik genannt, ist nach dem Pazifik der zweitgrößte Ozean der Erde. Er liegt fast ausschließlich auf der Westhalbkugel der Erde und gilt als das verkehrsreichste Weltmeer. Das Mittelmeer im Süden Europas und das Karibische Meer in Mittelamerika sind bekannte Nebenmeere des Atlantiks.

Pazifischer Ozean

Der Pazifische Ozean, auch Pazifik genannt, ist der größte und tiefste Ozean der Erde. Er grenzt an alle anderen Ozeane. Am Grund des Ozeans liegen riesige Gebirgszüge, Mittelozeanische Rücken genannt. Nebenmeere des Pazifiks sind zum Beispiel der Golf von Alaska vor dem nördlichen Nordamerika oder die Tasmansee im Südosten von Australien.

Angeberwissen

- Die Tiefen der Ozeane sind in mehrere Stufen eingeteilt.
- Es beginnt mit dem Schelfbereich, der in eine Tiefe bis 200 Meter reicht. Dann kommen bis 4 000 Meter der Kontinentalhang und der Kontinentalfuß.
- Danach beginnt das sogenannte Abyssal mit einer Maximaltiefe von 6 000 Meter und darunter das Hadal.

Arktischer Ozean

Der Arktische Ozean, auch Nordpolarmeer genannt, befindet sich im äußersten Norden der Nordhalbkugel und ist in großen Teilen mit Eis bedeckt. Auch als kleinster Ozean der Erde besitzt er Nebenmeere, etwa das Europäische Nordmeer oder die Beaufortsee über Nordamerika.

Indischer Ozean

Der Indische Ozean, manchmal auch Indik genannt, ist der drittgrößte Ozean der Erde und liegt zum größten Teil auf der Südhalbkugel. Unter den Nebenmeeren des Indischen Ozeans befinden sich das Rote Meer im Nordosten Afrikas und die Australische Bucht im Süden Australiens.

Südpolarmeer

Das Südpolarmeer ist der Ozean rund um die Antarktis. Bei Seefahrern und Wissenschaftlern ist er als sehr stürmisch und eiskalt bekannt. Ein Nebenmeer ist zum Beispiel das Weddellmeer an der Grenze zum Atlantik.

Von Seeungeheuern und schlecht gelaunten Göttern

Unsere Ozeane bergen noch viele Geheimnisse. Trotzdem wissen wir mittlerweile viel über die Lebewesen, die sich darin tummeln. Die Menschen, die vor Hunderten Jahren lebten, hatten kaum eine Ahnung und fürchteten sich deshalb vor dem Meer und dem, was darin lebt. Sie glaubten, es wäre voll von Monstern, Ungeheuern und Göttern, die über das Wasser herrschen.

Die Angst vor dem Unbekannten

Auf alten Seekarten wimmeln die Meere nur so vor Seeungeheuern. Oft zeigen sie riesige Geschöpfe, die Schiffe angreifen oder Seeleute verschlingen. Denn viele Seefahrer erzählten an Land fantasievolle Geschichten von ihren Begegnungen mit kuriosen Kreaturen. Wissenschaftler vermuten, dass die Seeleute auf ihren Reisen damals noch unbekannte Lebewesen wie Riemenfische, Rochen, Seeschlangen und Riesenkalmare gesehen hatten. In ihren Erzählungen wurden diese Tiere dann immer noch größer, giftiger und gefährlicher. Es entstanden übertriebene Geschichten, Seemannsgarn genannt, die über Jahrhunderte weitererzählt wurden.

Sirenen

Antike griechische Seefahrer hatten Angst vor Sirenen: weibliche Fabelwesen im Meer, die mit ihrem Gesang vorbeifahrende Schiffe anlockten, um die Menschen darauf in den Abgrund zu ziehen. Das Wort »Sirene« benutzen wir noch heute für ein Gerät, das einen lauten Warnton abgibt.

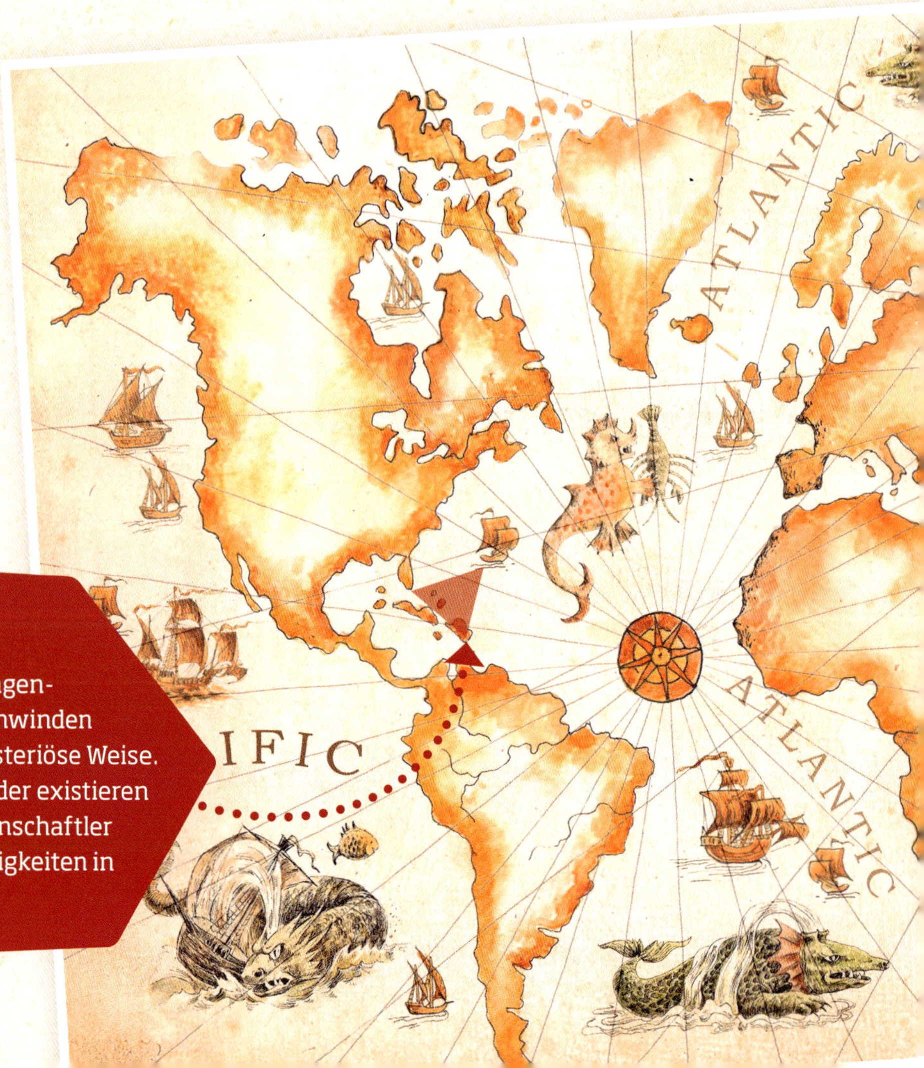

Unglaublich!

Im Atlantik, nördlich der Karibik, liegt das sagenumwobene Bermudadreieck. Angeblich verschwinden dort regelmäßig Schiffe und Flugzeuge auf mysteriöse Weise. Es wurde berichtet, dass dort magische Kraftfelder existieren oder Außerirdische ihr Unwesen treiben. Wissenschaftler konnten allerdings keine besonderen Auffälligkeiten in dieser Gegend entdecken.

Midgard-Schlange

Die Wikinger glaubten, dass die Midgard-Schlange den gesamten Ozean umspannt. Weil sie sich in ihren eigenen Schwanz beißt und damit einmal die Welt umschlingt, nannten sie das Ungeheuer auch Weltenschlange. Der Sage nach würde die Welt untergehen, sollte sie ihren Schwanz jemals loslassen und an Land gehen. Wenn sie aber die gesamte Erde umspannen würde, müsste die Schlange etwa 40 000 Kilometer lang sein!

Midgard-Schlange

Poseidon

Die alten Griechen wiederum glaubten, dass Poseidon der Gott des Meeres sei, der seinen Palast aus Kristall in den tiefsten Tiefen hatte. Wenn er über die Weltmeere reiste, saß er in einer riesigen Muschel, die von Seepferdchen oder Hippokampen – halb Pferd, halb Fisch – gezogen wurde. Hatte Poseidon schlechte Laune, schickte er Seeungeheuer los oder schwang seinen Dreizack. So verursachte er Stürme oder Erdbeben und brachte Schiffe zum Sinken. Deshalb beteten Seefahrer vor einer Reise immer zu ihm und opferten sogar Pferde, um eine sichere Fahrt zu haben. War Poseidon gut gelaunt, erschuf er neue Inseln und die See war ruhig. Die alten Römer kannten diesen Gott ebenfalls, allerdings unter dem Namen Neptun.

Umibózu

Im fernen Japan fürchten sich die Menschen bis heute vor Seeungeheuern, die aussehen wie buddhistische Mönche mit kahlem Kopf. Der Legende nach können manche von ihnen weit über zehn Meter groß werden! Sie leben in den Ozeanen und erscheinen meist bei ruhigem Wetter aus dem Nichts. Werden sie angesprochen, versenken sie das Schiff. Es gibt angeblich nur einen einzigen Weg zu entkommen: Man muss ihnen ein Fass ohne Boden schenken. Das verwirrt sie und man kann schnell davonsegeln.

Andrang im Hafen

Riesige Kreuzfahrtschiffe bringen wie hier in Venedig auf der ganzen Welt massenhaft Touristen ins Land.

Der Mensch und das Meer

Transportschiffe

Früher waren es kleine Segelschiffe aus Holz. Heute schippern 400 Meter lange Giganten aus Stahl über unsere Weltmeere.

Früher

Heute

Seit Menschen in der Steinzeit zum ersten Mal das Meer sahen, haben sie eine ganz besondere Beziehung zu diesem Element. Denn das Meer als Lebensraum hat uns Menschen viel zu bieten – und so lebt heute mehr als die Hälfte der Weltbevölkerung in küstennahen Regionen. Doch das führt leider auch zu Problemen.

Schifffahrt und Handel

Schon vor vielen Tausend Jahren fuhren die Menschen mit einfachen Booten aufs Meer hinaus, um zu fischen oder fremde Regionen zu erkunden. Aus kleinen Booten wurden größere und daraus irgendwann komplexe Schiffe. Die Römer konnten so vor etwa 2000 Jahren das Mittelmeer beherrschen, die Wikinger in ihren schnellen Drachenbooten im Jahre 793 nach Christus England überfallen und die Kaufleute der Hansezeit im Mittelalter ein großes Handelsnetz aufbauen. Mit Schiffen aus Eisen begann im frühen 19. Jahrhundert dann die Zeit des modernen Schiffbaus. Denn das Meer war und ist noch immer unser wichtigster Handelsweg. Kein anderes Verkehrsmittel transportiert so viele Waren wie das Schiff: rund 90 Prozent! Mit ihm werden Maschinen, Erdöl, Kohle, Erze und Getreide um die Welt gefahren. In riesigen Containern gelangen Kleidung, Lebensmittel oder Elektrogeräte von einem Kontinent zum anderen. Weit über 90 000 Schiffe unterschiedlicher Größe sind auf den Weltmeeren unterwegs.

Massentourismus gefährdet Meere und Küsten

Urlaub am Meer: Für viele Menschen ist das der Inbegriff von Spaß und Erholung. Das weltweit beliebteste Urlaubsziel ist das Mittelmeer. Denn dort können wir hervorragend unseren Hobbys nachgehen – schwimmen, schnorcheln, tauchen, angeln, Boot fahren, surfen, segeln oder einfach

Unglaublich!

Rund drei Millionen Schiffswracks liegen in unseren Meeren, Flüssen und Seen. Sie sind der Beweis, dass der Mensch schon seit der Steinzeit das Wasser als Verkehrs- und Handelsweg nutzt.

nur am Strand in der Sonne liegen und den Wellen lauschen.
Doch weil extrem viele Menschen gleichzeitig ans Mittelmeer wollen, werden die Küstengebiete dort geradezu überrannt. Jährlich zieht es bis zu 300 Millionen Besucher an die Strände von Kroatien bis zur Türkei. Zu viele Menschen bevölkern dann die Strände und Städte. Die Folge sind verdreckte Küsten und eine massive Störung von Tieren und Pflanzen.

Fischerei

Viele Jahrhunderte lang glaubten wir, die Meere seien unerschöpflich. Und damals, als es noch nicht so viele Menschen auf unserer Erde gab, stimmte das auch. Doch heute leben schon fast acht Milliarden Menschen auf unserem Planeten. All diese Menschen brauchen Nahrung – viele von ihnen essen gerne Fisch. Unser Bedarf an Fisch ist also im Laufe der Zeit immer größer geworden. Deshalb sind heute bereits etwa 90 Prozent der weltweit kommerziell genutzten Fischbestände überfischt oder maximal befischt. Überfischt bedeutet, dass mehr Fisch gefangen wird, als nachwachsen kann. Maximal befischte und voll ausgenutzte Bestände vertragen keine weitere Steigerung des Fangs; ansonsten gelten sie als überfischt.
Immer größere Fangflotten mit immer besserer Fangtechnik durchpflügen die Meere auf der Suche nach neuen Fanggründen. Vor allem große Raubfische, die an der Spitze der Nahrungskette stehen, zum Beispiel Thunfische, Kabeljau, Rochen und Haie, wurden so stark gejagt, dass ihre Bestände in manchen Regionen, wie zum Beispiel im Atlantik, ebenfalls um bis zu 90 Prozent zurückgegangen sind.

Nachhaltig fischen

Doch die Situation ist zum Glück nicht ausweglos. Einige Länder haben schon gezeigt, dass sich Fischbestände durch eine nachhaltige Fischerei erholen können. Dafür brauchen wir zum Beispiel große Meeresschutzgebiete, in denen Fischerei und andere schädliche Eingriffe des Menschen verboten sind. Nachhaltige Fischerei heißt aber gleichzeitig, dass wir nur Fische fangen, die später auch gegessen werden sollen. Zu kleine Jungtiere, ungenießbare oder unverkäufliche Meerestiere dürfen nicht im Netz oder am Haken landen.
Aber es ist wichtig, dass alle Länder mitmachen, denn die Zerstörung der Meere macht nicht an Ländergrenzen halt.

Zu viel des Guten
Mit riesigen Schleppnetzen werden jedes Jahr Unmengen an Fischen und anderen Tieren gefangen.

Massentourismus
Die Urlauber liegen an vielen Stränden dicht gedrängt beieinander und planschen im Wasser.

Meere im Blick der Wissenschaft

Auf der Reise mit der »HMS Challenger« entdeckten die Forscher viele neue Tier- und Pflanzenarten aus dem Meer.

Schon vor vielen Hundert Jahren machten sich Menschen Gedanken über den Ozean, zeichneten Karten von Küstenverläufen und vorgelagerten Inseln. Doch die gezielte Erforschung der Meere begann erst im Jahr 1872 mit einer ungewöhnlichen Expedition.

Die Challenger-Expedition

Die britische Forschungsreise war nach dem Forschungsschiff »HMS Challenger« benannt. In den Jahren von 1872 bis 1876 legte das große Segelschiff mit seinen rund 30 Besatzungsmitgliedern 130 000 Kilometer zurück und segelte in fast allen Weltmeeren. Die Wissenschaftler hatten viele Fragen. Wie tief sind die Ozeane? Welche Strömungen gibt es? Welche Temperatur hat das Wasser? Und welche Lebewesen tummeln sich auf dem Meeresboden? Insgesamt entdeckten die Forscher 4 717 neue Lebewesen im Meer. Das waren so viele, dass es 20 Jahre dauerte, bis alle bei der Expedition gesammelten Daten und Proben bearbeitet worden waren. Ihre Ergebnisse veröffentlichten die Forscher in 50 Büchern, die zusammen 29 000 Seiten haben. Eine wahre Meisterleistung! Daher gilt die Expedition zu Recht als Grundstein der modernen Meereswissenschaft.

Die »Polarstern«

Ab Herbst 2019 hat sich die Besatzung zusammen mit dem deutschen Forschungsschiff ein Jahr lang im arktischen Meereis einfrieren lassen, um so mehr über die Vorgänge im und unter dem Meereis zu erfahren.

Ferngesteuert

Dieser Crawler namens »Viator« fährt ferngesteuert über den Meeresgrund. Vorne ist er mit Sensoren und einer Kamera ausgerüstet. Bevor er in der Tiefsee zum Einsatz kommt, wird er im flachen Wasser getestet.

»Jago«

Uli und Floh hatten schon das große Vergnügen, mit »Jago« tauchen zu dürfen. Das kleine gelbe Tauchboot kann in einer Tiefe von bis zu 400 Metern arbeiten.

Rekordtauchgang für die Ewigkeit

Ein weiterer Meilenstein der Meeresforschung ist der Tauchgang des Schweizers Jacques Piccard und des Amerikaners Don Walsh im Jahr 1960. Mit ihrem Tauchboot »Trieste« erreichten sie im Marianengraben im Pazifik die unvorstellbare Tiefe von 10 910 Metern. Heute heißt diese Stelle Triestetief.
Die Hülle der »Trieste« wurde vom deutschen Unternehmen Krupp aus Essen hergestellt. Diese Hülle hatte die Form einer Kugel und musste einen unglaublich hohen Druck aushalten können. Ein erster Probeguss dieser Kugel, der aber Fehler hatte und nicht verwendet wurde, steht heute im Deutschen Museum in München.

Moderne Meeresforschung heute

Heute gibt es weltweit viele Institute, die die Meere erforschen. In Deutschland sind das zum Beispiel das Alfred-Wegener-Institut, kurz AWI, in Bremerhaven und das GEOMAR in Kiel. Während das AWI vor allem die Polarregionen erforscht, liegt das Spezialgebiet des GEOMAR in der Tiefsee. Meeresforscher kümmern sich aber auch um den Schutz der Meere, den Klimawandel und die Verschmutzung der Ozeane. Spezialisten aus unterschiedlichen Fachgebieten wie der Biologie, Geologie oder Archäologie sind dazu täglich weltweit im Einsatz.

Hochtechnologie unter Wasser

Um die Meere zu erforschen, werden oft hochmoderne technische Geräte eingesetzt. Dazu gehören Tauchboote wie »Jago« oder ferngesteuerte Roboter. Es gibt sogar Fahrzeuge, die in der Tiefsee wie ein ferngesteuertes Auto über den Boden fahren – sie werden Crawler genannt. Und da weder die Tiefsee noch weit entfernte Planeten oder Monde im Weltall ohne diese Geräte erforscht werden könnten, haben sich Experten aus beiden Bereichen zusammengeschlossen, um voneinander zu lernen und miteinander zu arbeiten.
Die Erforschung der Meere findet nicht nur auf hoher See statt. Auch im Labor, im Büro und vor dem Computer wird gearbeitet. Aber eine Forschungsreise auf dem Meer ist für Wissenschaftler besonders spannend und der Höhepunkt ihrer Arbeit.

Schon gewusst?

Seit über 30 Jahren fährt die »Polarstern« im Dienste der Wissenschaft. 2019 brach sie in die Arktis auf. Ziel der Expedition war es, mit einer Eisscholle durch den Arktischen Ozean zu treiben, um Daten zu sammeln.

Der Geschmack der Wellen

Wer am Meer von einer großen Welle überspült wird und dabei ordentlich Wasser schluckt, spürt es deutlich: Meerwasser schmeckt salzig. Eigentlich handelt es sich um eine Vielzahl an verschiedenen Mineralien, die den Geschmack verursachen. Aber der Hauptbestandteil ist Natriumchlorid, also das übliche Salz, das wir auch für unser Essen verwenden. Die Mineralien kommen auf unterschiedliche Weise in die Meere. Teilweise wurden und werden sie von Regenwasser und den Flüssen aus dem Gestein der Kontinente gelöst oder bei Vulkanausbrüchen in der Tiefsee in die Ozeane gespült. Das Wasser in Flüssen, Seen oder auch das Grundwasser enthält zwar ebenfalls etwas Salz, aber nur in sehr kleinen Mengen.

Die Sonne macht es salzig

Im Durchschnitt liegt der Salzgehalt der Meere heute bei ungefähr 35 Gramm Salz pro Liter. Allerdings ist das nicht überall gleich. In heißen Regionen verdunstet über den Meeren viel Wasser, das als Wasserdampf in die Erdatmosphäre aufsteigt. Das Salz bleibt dabei zurück, was den Salzgehalt im Wasser ansteigen lässt. Zum Beispiel liegen das Mittelmeer und das Rote Meer in warmen Gebieten. Beide Meere sind nur über eine enge und flache Schwelle mit größeren Ozeanen wie dem Atlantischen oder dem Indischen Ozean verbunden, was den Wasseraustausch erschwert. Bei hohen Temperaturen und starker Sonneneinstrahlung verdampft hier viel Wasser – das gelöste Salz bleibt allerdings im Meer zurück. Damit ist der Salzgehalt in beiden Meeren deutlich höher als in den großen Ozeanen. In die Ostsee dagegen fließen viele größere Flüsse. Die Folge: Das Meerwasser wird durch das Süßwasser der Flüsse verdünnt und der Salzgehalt ist niedriger als in der Nordsee.

7x

Salz

In einem Liter Meerwasser sind durchschnittlich etwa sieben gestrichene Teelöffel Salz gelöst.

Totes Meer

Unglaublich!

Im Toten Meer, das keine Verbindung zu den Ozeanen hat, ist der Salzgehalt so hoch, dass ein Mensch viel mehr Auftrieb hat als in anderen Meeren und einfach an der Oberfläche liegen bleibt. Um mit einem Neoprenanzug abtauchen zu können, müsste sich ein Taucher zwischen 20 und 40 Kilogramm Gewicht umhängen, um überhaupt abzusinken.

Der Wind macht die Welle

Die großen Wellen am Strand, die wir als Seegang bezeichnen, werden vom Wind gemacht. Die Luft streicht über die Wasseroberfläche und schaukelt das Wasser je nach Windstärke zu unterschiedlich hohen Wellenbergen auf, die als Windsee bezeichnet werden. Bei einem Sturm können dann gewaltige Brecher entstehen, die über sehr lange Strecken die Ozeane durchwandern und dabei nur wenig Höhe verlieren. Wenn sich der Wind wieder beruhigt, bleibt in großen Ozeanen die Welle häufig noch eine gewisse Zeit bestehen. Diese sogenannte Dünung kann in großer Entfernung wieder auf Land treffen und sorgt dafür, dass wir auch an einem windstillen Tag am Strand brechende Wellen sehen können.

Wie stark ist der Wind?

Um eine einheitliche Einordnung von Wind und Wellen zu erstellen, entwickelte der britische Seefahrer Francis Beaufort eine Windskala. Dabei griff er auf schon vorhandene Erkenntnisse zurück. Die heute verwendete Beaufort-Skala reicht von 0 bis 12 und orientiert sich an den Auswirkungen des Windes auf den Seegang oder an Merkmalen an Land. 0 Beaufort entspricht einem völlig windstillen Meer, während ein Orkan mit 12 Beaufort die See in hohen Wellen weiß aufpeitscht und an Land enorme Schäden verursacht.

Don-Juan-Teich

Angeberwissen

- Das Gewässer mit dem höchsten Salzgehalt auf der Erde ist vermutlich der Don-Juan-Teich.
- Er ist klein und extrem flach. Bisher haben ihn nur sehr wenige Menschen überhaupt gesehen, denn der Don-Juan-Teich liegt in einer unzugänglichen Region der Ostantarktis.
- Das Wasser des Teichs ist so salzhaltig, dass es auch bei einer Temperatur von minus 20 Grad nicht gefriert.

Beaufort-Skala

Wie stark der Wind weht, kann man gut an Häusern, Rauch, einer Fahne, Bäumen und der Oberfläche des Meeres erkennen.

Stille

Windstärke 0
unter 1 km/h

schwacher Wind

Windstärke 3
bis 19 km/h

steifer Wind

Windstärke 7
bis 61 km/h

Orkan

Windstärke 12
ab 118 km/h

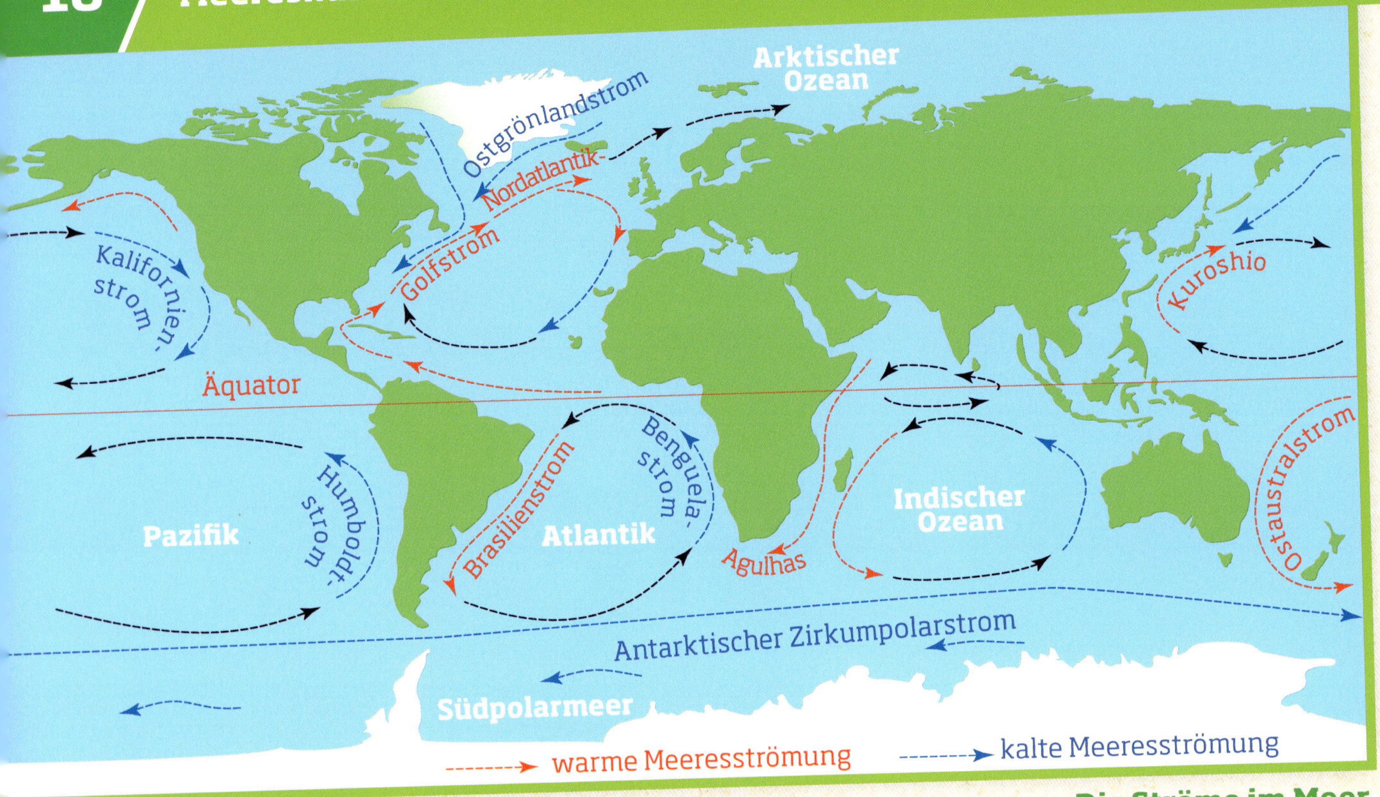

Die Ströme im Meer

Die großen Meeresströmungen drehen sich auf der Nordhalbkugel im und auf der Südhalbkugel gegen den Uhrzeigersinn. Diese Wassermassen beeinflussen auch das Wetter.

Ein Fließband im Meer

Die Meere stehen niemals still. Selbst bei Windstille und spiegelglatter Oberfläche gibt es langsam ablaufende Strömungen in den Ozeanen. Bei einem Tauchgang mit einem U-Boot in die Tiefe könnte man in bestimmten Abständen feststellen, dass sich die Temperatur und auch der Salzgehalt des Wassers ändern. Kaltes, salzreiches Wasser ist sehr dicht und sinkt nach unten, während wärmeres, salzärmeres Wasser leichter ist: Es steigt nach oben. Im Norden des Atlantischen Ozeans wird das Wasser im Winter durch kalte Winde und die Bildung von Eis sowohl stark abgekühlt als auch salzig und sinkt daher langsam ab. An der Oberfläche wird Wasser aus wärmeren Regionen nachgezogen, das dann ebenfalls wieder abkühlt. Es entsteht der Kreislauf unserer großen Meeresströmungen. Das kalte Wasser kann bis auf den Meeresboden absinken, wo es sich mit geringer Geschwindigkeit in einer breiten Schicht verteilt. Es kommt erst nach sehr langer Zeit wieder an die Wasseroberfläche und schließt den Kreis, bevor es erneut absinkt. Meeresforscher bezeichnen diesen weltumspannenden Transport von großen Wassermengen auch als das Förderband der Meere.

Hoppla, das Watt ist weg!

Eine ganz andere Meeresströmung kann man bei einer Wattwanderung in der Nordsee beobachten: Zweimal am Tag kann man hier mit Gummistiefeln oder barfuß durch den Schlick laufen – muss aber rechtzeitig wieder den Rückweg antreten, damit man vom zurückfließenden Meerwasser nicht überrascht wird. Innerhalb von ungefähr 12,5 Stunden steigt der Meeresspiegel der Nordsee bei Flut so weit an, dass er das

Ebbe und Flut

Durch die Anziehungskraft des Mondes und die Rotation der Erde entsteht auf unserem Planeten direkt unter dem Mond ein Wasserhügel, der die unterschiedlichen Wasserstände während der Gezeiten verursacht. Auf der anderen Seite der Erde entsteht ein zweiter Wasserhügel, auch hier gibt es eine Flut.

Nahrungskette in der Arktis

In fast allen Lebensräumen herrscht ein Fressen und Gefressen-Werden. Am Anfang stehen meist Pflanzen, die ihre Energie aus Sonnenstrahlen beziehen.

gesamte Watt bedeckt, und sinkt anschließend bei Ebbe wieder ab. Schiffe in kleinen Häfen liegen dann auf dem Trockenen und Seehunde können sich auf Sandbänken ausruhen. Diese spektakulären Wasserbewegungen werden Gezeiten oder Tiden genannt. Ihre Ursache liegt im Weltall: Die Sonne und vor allem der Mond ziehen als Folge ihrer Anziehung, auch Gravitation genannt, das Wasser der Meere zu sich heran. Da sich die Erde dreht, bewegt sich der dabei entstandene Wasserhügel mit dem Lauf der beiden Himmelskörper über unseren Planeten und verändert auf der Erde den Wasserstand.

Aus dem Wasser kommt der Sturm

Ozeane speichern riesige Mengen Wärme, die sie mit den Strömungen auf der ganzen Welt verteilen und an vielen Stellen wieder abgeben. Die Verlängerung des Golfstroms vor der nordamerikanischen Küste wird als Nordatlantikstrom bezeichnet und reicht bis vor die Küsten Norwegens und Islands. Die Wärme des Wassers sorgt dafür, dass sich hier kaum Meereis bildet, während es auf den gleichen Breitengraden an der grönländischen und kanadischen Küste bitterkalt wird und das Wasser gefriert. Wenn das Wasser sehr warm ist, kann das aber auch gefährliche Auswirkungen haben. Bei einer Wassertemperatur von über 26,5 Grad Celsius verdunstet Wasser in großen Mengen und bildet in der Höhe gewaltige Wolken – dann kann sich ein tropischer Wirbelsturm bilden, der durch hohe Wellen, Dauerregen und Orkanwinde enorme Zerstörungskraft bekommt.

An Weihnachten kein Fisch

Wenn sich große Meeresströmungen ändern, hat das auch immer einen großen Einfluss auf das Klima und das Leben an Land. Ein Beispiel ist eine Abschwächung des Humboldtstroms vor der Westküste Südamerikas. Normalerweise führt diese Strömung zu einem Auftrieb von kaltem, nährstoffreichem Wasser aus der Tiefe. Bleibt er aus, findet das Plankton keine Nahrung mehr und stirbt. Die Folge ist der Zusammenbruch der Nahrungskette. Denn normalerweise wird das Plankton von Fischen gefressen und die wiederum von Seevögeln und Robben. Gibt es kein Plankton, finden auch die anderen Tiere in dieser Kette kein Futter mehr. Dieses natürliche Phänomen tritt in unregelmäßigen Abständen auf und führt auf der ganzen Welt zu Veränderungen: zu Trockenheit an der einen und zu Überschwemmungen an anderer Stelle. Peruanische Fischer, die in einem solchen Fall kaum noch Fische fangen können, haben diesem Ereignis den spanischen Namen El Niño, auf Deutsch Christkind, gegeben, weil es immer um die Weihnachtszeit herum auftritt.

Funny Fact

Gummienten

Im Jahr 1992 verlor ein Frachter während eines Sturms im Nordpazifik Container mit buntem Plastikspielzeug. Unter anderem die auffälligen gelben Enten wurden in den darauffolgenden Jahrzehnten an vielen Stränden der Erde gefunden und haben so Hinweise auf den Verlauf der Strömungen gegeben. Teilweise haben sie dabei eine Strecke von über 25 000 Kilometern zurückgelegt!

Flachwasser und Küsten

Mit einer Taucherbrille, einem Schnorchel und Flossen kann man direkt vom Strand aus ins Wasser gehen und eine faszinierende Welt beobachten. Die flirrenden Sonnenstrahlen beleuchten die Felsen und mit etwas Glück schwimmt ein Fischschwarm vorbei oder kleine Tiere flitzen über den Boden. Dieser Teil des Meeres ist eng mit dem Land verbunden. Flüsse bringen Süßwasser in kleine Buchten, Wellen wirbeln Sand auf und der Regen spült Erde in das Wasser. Durch diesen Einfluss verändern sich die Küstengewässer stark und können verschiedene Formen annehmen. Manchmal spülen die Strömungen Sand an eine bestimmte Stelle und formen flache Sandbänke. An anderen Orten, die während der Eiszeit von Gletschern bedeckt waren, hat das Eis tiefe Fjorde geformt – das sind schmale Buchten mit steilen Wänden, die weit ins Landesinnere reichen. An der Nordsee gibt es einen ganz speziellen Lebensraum, der jeden Tag zweimal vom Meer überspült wird und danach wieder trockenfällt: das Sandwatt. Auf den ersten Blick eine graue Schlickebene, ist das Watt mit seinen zahlreichen Bewohnern ein wichtiger Lebensraum, in dem viele Vögel ihre Nahrung finden.

Die bunte Welt der Riffe

In warmen, tropischen Gewässern rund um den Äquator hat sich im Flachwasser eine Tiergruppe ausgebreitet, die zu den fleißigsten Baumeistern gehört: die Korallen. Tausende Einzeltiere, sogenannte Polypen, leben in einer riesigen Kolonie zusammen und bilden große Strukturen aus, die als runde, stabförmige, geweihartig verzweigte oder glatte Gebilde den spektakulären Lebensraum eines Korallenriffs formen. Jedes winzige Polypen-Tierchen kann an seiner Unterseite Kalk produzieren und trägt damit zum Wachstum des ganzen Riffs bei. Wer jetzt glaubt, dass Korallen nur kleine Häuser bauen, wird staunen. Da es diese Tiergruppe schon seit Hunderten von Millionen Jahren gibt, haben sie teilweise mehrere Hundert Meter dicke Schichten aus Kalk gebildet, sich bei der Gebirgsentstehung in breiten Gesteinsschichten abgelagert und sogar ganze Inseln geformt. Ein Atoll zum Beispiel ist eigentlich ein ehemaliger Vulkan, der schon lange Zeit erloschen ist. Die Korallen an seiner Außenseite wachsen aber weiter in Richtung der Wasseroberfläche, während der innere Bereich des Vulkans im Meer versinkt. Am Ende bleibt ein Ring aus Korallenriffen übrig – von winzigen Tieren erbaut!

Im Watt

Oben macht man sich die Füße schmutzig und unten tobt das Leben. Die große Artenvielfalt im Watt sieht man erst, wenn man vorsichtig im Schlick gräbt und Würmer, Muscheln und Krebse bestaunt.

Seegraswiese

Diese Wiese unter Wasser bietet Futter für Meeresschildkröten und Seekühe.

So farbenprächtig!

Korallenriffe gehören zu den artenreichsten und buntesten Lebensräumen auf der Erde.

Unglaublich!

Durch die Bewegung der Erdplatten haben sich an manchen Stellen gewaltige Gebirge aufgefaltet. Was früher einmal Meeresboden war, gelangte so in luftige Höhen. In den Alpen finden sich daher an vielen Stellen Fossilien von Korallenriffen. Und das in mehreren Kilometern über dem Meeresspiegel!

Ein Wald unter Wasser

Die flachen Gewässer in Küstennähe sind häufig vom Sonnenlicht durchflutet und durch Flüsse, Küstenerosion und Auftriebsgebiete reich an Nährstoffen. In diesen oberen Meeresschichten können Pflanzen das Licht der Sonne in Energie umwandeln, was Fotosynthese genannt wird. Damit bilden sie die Grundlage der Nahrungsketten im Meer. Sogar Wälder gibt es unter Wasser! Große Braunalgen, der sogenannte Kelp, können viele Meter in die Höhe wachsen und bilden einen artenreichen Lebensraum. Hier leben verschiedene Schnecken und Seeigel, die sich von den Algen ernähren und wiederum von Fischen und Krebsen gefressen werden. An der Spitze der Nahrungskette leben dann große Robben, Raubfische und Haie, die Jagd auf die kleineren Tiere machen. Große Pflanzen kann man auch an anderen Stellen in den Ozeanen entdecken, zum Beispiel in einer Seegraswiese in der Ostsee, die komplett unter Wasser liegt. Mangroven dagegen bilden eine Art Übergang zwischen dem Land und dem Meer. Diesen Bäumen macht es überhaupt nichts aus, mit ihren Wurzeln im Salzwasser zu stehen. Sie haben sich im Laufe der Evolution hervorragend daran angepasst.

Küstenerosion

Durch Wind, Wellen und die Gezeiten wird immer ein wenig von der Küstenlinie abgetragen – sie verändert sich daher ständig.

Kelpwald

Der Riesenkelp ist die größte Unterwasserpflanze und kann über 30 Meter hoch werden. Er kann ausgedehnte Kelpwälder bilden, die so wie Regenwälder an Land die Heimat vieler Pflanzen und Tiere sind.

Die Tiefsee – eine dunkle Welt

In der Tiefe, in der kein Sonnenlicht mehr existiert, beginnt die Tiefsee. Abhängig von der jeweiligen Stelle in den verschiedenen Ozeanen ist das in einer Tiefe zwischen 200 und 1 000 Metern. Hier herrscht ein enormer Druck und mit einer Temperatur zwischen minus 1 und plus 4 Grad Celsius ist es auch sehr kalt. Klingt ziemlich ungemütlich, aber in solchen für uns Menschen so lebensfeindlichen Tiefen tummelt sich vielfältiges Leben! Da die Sonne nicht scheint, kommen in diesem Lebensraum keine Pflanzen mehr vor, die das Licht für die Fotosynthese benötigen. Um hier überleben zu können, müssen die Tiere darauf warten, bis etwas Futter von oben herabsinkt – oder sich gegenseitig auffressen. Die Tiefsee ist das Reich der Räuber und Aasfresser!

Das kalte Licht

Auch wenn das Sonnenlicht hier nicht mehr scheint, ist die Tiefsee kein vollkommen dunkler Ort: Ein großer Teil der Tiere produziert Licht! Das Leuchten wird durch eine chemische Reaktion hervorgerufen und erscheint häufig bläulich-grünlich. Das Phänomen kann man auch bei Leuchtkäfern auf einer Wiese oder beim spektakulären Meeresleuchten beobachten, das durch blitzende, einzellige Algen und Bakterien erzeugt wird. In der Tiefsee hat diese sogenannte Biolumineszenz völlig unterschiedliche Funktionen. Mit besonderen Lichtsignalen können sich Tiere zur Paarung finden oder mit einem leuchtenden Organ am Kopf oder Schwanz ihre Beute anlocken, um sie dann zu fressen. Der Schwarze Drachenfisch zum Beispiel hat einen cleveren Trick entwickelt: Er ist einer der wenigen Fische, die rotes Licht ausstrahlen können. Wie mit einer Taschenlampe sucht er seine Beute, die keine Ahnung hat, in welcher Gefahr sie schwebt, da sie die Farbe Rot und damit das rote Licht nicht wahrnehmen kann.

Bissige Ehe

Die Paarung mancher Tiefsee-Anglerfische verläuft einzigartig im Tierreich: Das viel kleinere Männchen heftet sich bei einem Treffen sofort an das Weibchen an! Bei einigen Arten verschmelzen sogar die Haut und der Blutkreislauf miteinander.

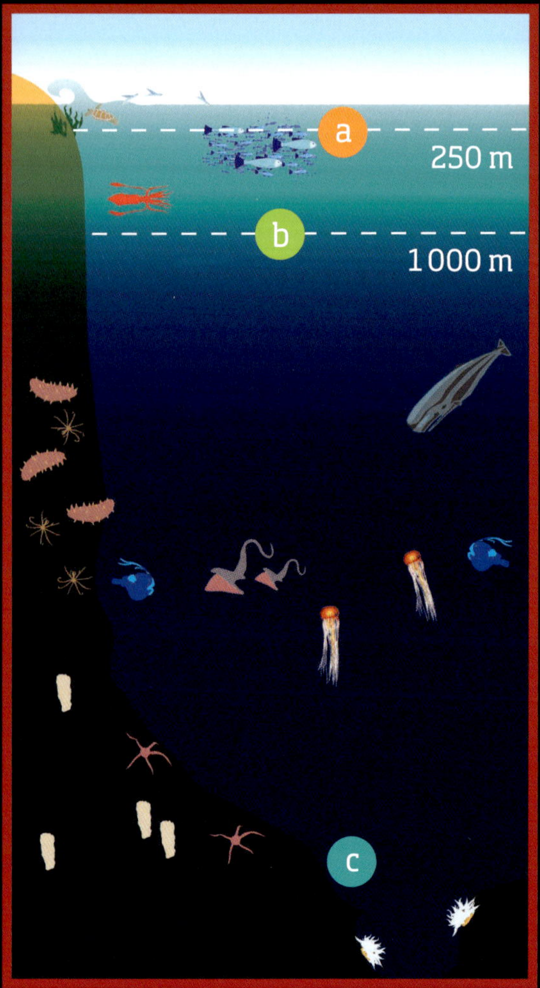

Hinab in die Tiefsee

Das Sonnenlicht gelangt nur wenige Hundert Meter in den Ozean (a)*. Ab einer Tiefe von 1 000 Metern* (b) *ist es stockdunkel. Hier leben die Bewohner der Tiefsee. Die tiefsten Gräben im Meer sind fast 11 000 Meter tief* (c).

Unglaublich!

Auch Tiere, die zum Atmen an die Wasseroberfläche müssen, statten der Tiefsee regelmäßig einen Besuch ab. Pottwale gehen hier auf die Jagd nach Tintenfischen. Und ein Cuvier-Schnabelwal hält den bisherigen Rekord im Tieftauchen: 2 992 Meter!

Oasen in der Dunkelheit

An vielen Stellen entlang des Mittelozeanischen Rückens kann Meerwasser in tiefe Spalten gepresst werden und sich durch vulkanische Aktivität stark aufheizen. Das an anderer Stelle wieder aufsteigende Wasser enthält viele aus dem Gestein gelöste Stoffe und kann mit Temperaturen von bis zu 400 Grad Celsius aus dem Meeresboden schießen. Bei der Abkühlung lösen sich Mineralien und färben das Wasser ein, was dann wie ein qualmender Schornstein aussehen kann und den Strukturen am Meeresboden ihren Namen gegeben hat: Schwarze Raucher. In der immer noch warmen Umgebung an den Seiten dieser Schlote hat sich eine einzigartige Tierwelt entwickelt, die mit den teilweise giftigen Verbindungen im Wasser gut leben kann, sie sogar zum Überleben braucht! Die Grundlage des Lebens hier unten sind Bakterien, die chemische Stoffe im Rauch nutzen, um daraus Energie zu gewinnen, die dann von anderen Tieren genutzt werden kann. Dieser komplizierte Prozess führt dazu, dass sich spezialisierte Muscheln, Garnelen und Würmer in so großer Zahl auf dem Meeresboden ansiedeln, wie sie sonst nirgendwo auf der Erde gefunden werden.

Ein bedrohter Lebensraum

Nur ein sehr kleiner Teil der Tiefsee ist bisher erforscht. Mittlerweile ist aber gut bekannt, dass am und im Meeresboden Erdöl und Erdgas sowie seltene Mineralien und Metalle lagern, die wir für die Herstellung von Elektroautos und Elektronikgeräten wie Mobiltelefonen und Computern benötigen. Der Bergbau in der Tiefsee würde aber Lebensräume zerstören, die wir noch nicht verstehen. Daher ist es wichtig, dass große Bereiche des Ozeanbodens geschützt werden, um die Artenvielfalt in unseren Meeren zu erhalten.

Staatsqualle

Dieses sonderbare Wesen ist ein Zusammenschluss mehrerer Tiere, die alle ihre eigene Aufgabe haben – ähnlich wie die einzelnen Organe in unserem Körper.

Angeberwissen

- Neben den Schwarzen Rauchern gibt es auch Weiße Raucher.
- Im herausschießenden Wasser sind dann statt Eisensalzen sogenannte Sulfate oder Silizium gelöst.
- Die Temperatur ist bei Weißen Rauchern deutlich geringer als bei Schwarzen Rauchern.

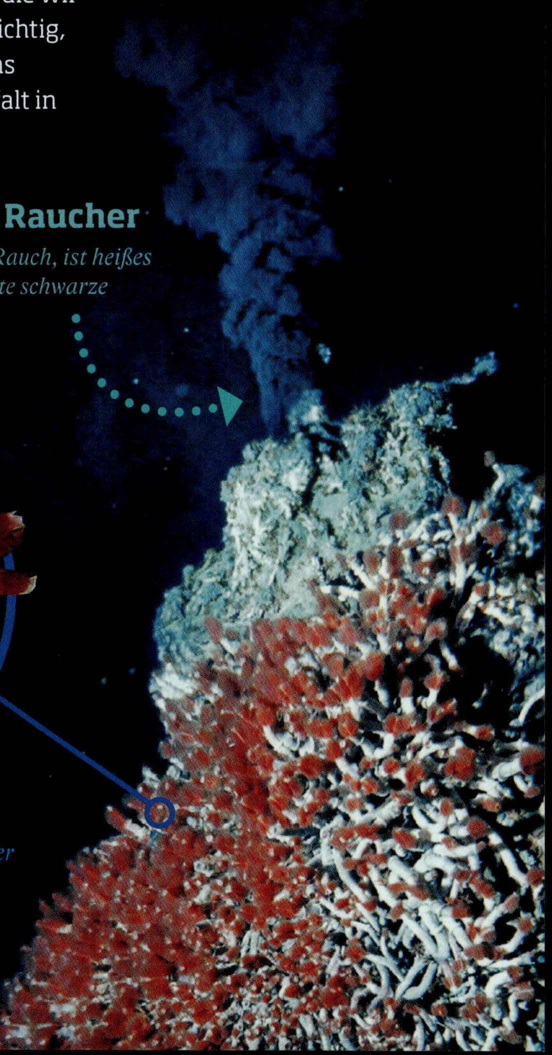

Schwarzer Raucher

Was aussieht wie Rauch, ist heißes Wasser, das kleinste schwarze Teilchen enthält.

Bartwürmer

Rund um den Schwarzen Raucher haben sich Tausende dieser in Röhren lebenden Würmer angesiedelt.

Weit entfernt von allen Küsten: die Hochsee

Riesen auf Wanderschaft

Buckelwale sind bekannt für ihre langen Wanderungen zwischen den Polarmeeren und den Tropen, wo die Mütter häufig ihre Kälber zur Welt bringen.

Eigentlich sind alle Ozeane, die Küstengewässer und Gebiete mit tiefem Wasser miteinander verbunden und nicht zu trennen. Aber der Fischfang und der Bergbau am Meeresboden müssen kontrolliert und allgemein die Grenzen der Länder ins Meer hinein festgelegt werden. Deshalb wurden auf der Seekarte weltweit akzeptierte Linien gezogen. Das sogenannte Küstenmeer geht vom Land aus bis in eine Entfernung von zwölf Seemeilen. Daran schließt sich die sogenannte ausschließliche Wirtschaftszone an, die 200 Seemeilen von der Küste entfernt endet. Hier beginnen dann die internationalen Gewässer, die auch als hohe See bezeichnet werden und den allergrößten Teil der Ozeane bedecken. Dieser riesige Lebensraum wird als das gemeinsame Erbe der Menschheit angesehen und braucht einen besonderen Schutz.

Die Nomaden der Meere

Tiere und Pflanzen kümmern sich natürlich nicht um von Menschen gezogene Grenzen. Sie wandern frei in den Meeren umher oder lassen sich von den Strömungen treiben. Ein bekanntes Beispiel sind die langen Wanderungen von Grauwal und Buckelwal. Die Tiere verbringen den Sommer meistens in den Gewässern der Arktis oder der Antarktis, um sich dort vollzufressen. Im nährstoffreichen, kalten Wasser finden sie Fischschwärme sowie Krill und treten vor Beginn des Winters gesättigt ihre Rückreise an. Im warmen Wasser in der Nähe des

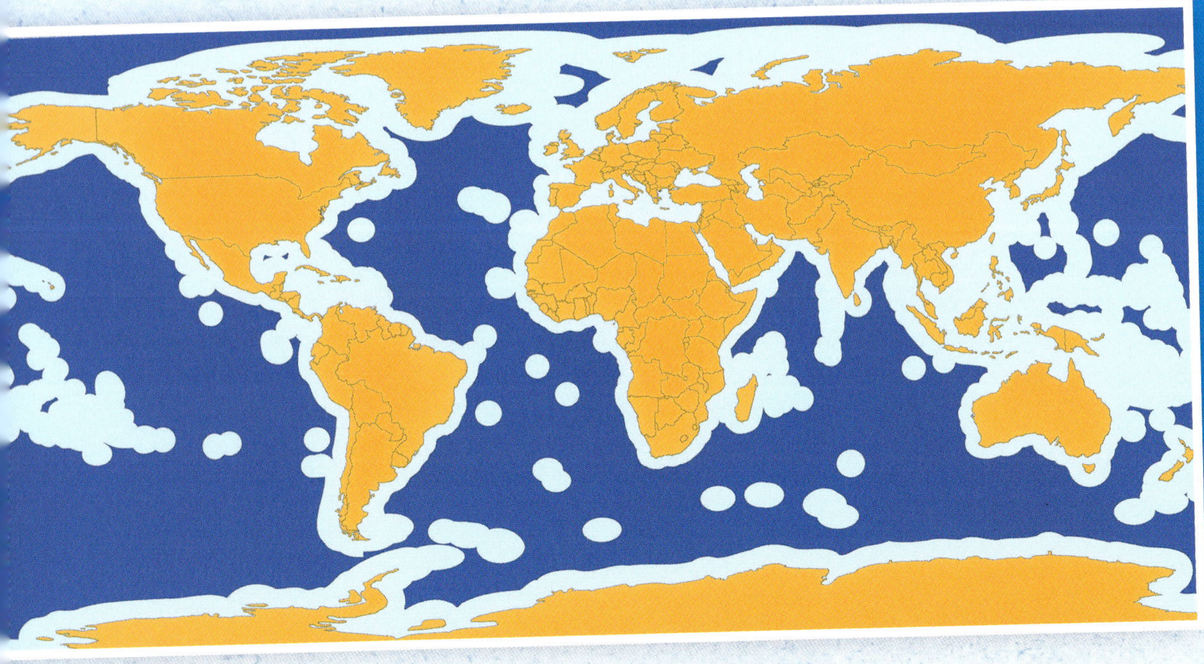

Die Hochsee

Auf dieser Karte kann man gut erkennen, dass die eigentliche Hochsee den größten Teil der Meere darstellt. Die Tiere in den Ozeanen haben dort viel Platz. Die Weite kann aber auch einen Nachteil haben: Die Flächen sind so groß, dass Kontrollen kaum möglich sind. Daher werden auf der Hochsee oft unerlaubt große Mengen Fisch aus dem Ozean geholt und so die Vielfalt der Meere bedroht.

Festland

Wirtschaftszone

Hochsee

Für den großen Fang

Die Schiffe für die Hochseefischerei werden auch Trawler genannt. Mit den riesigen Netzen können sie große Mengen Fisch fangen.

Äquators bringen die Mütter dann häufig ihre Kälber zur Welt.
Andere, ganz kleine Tiere der Hochsee wandern ebenfalls, allerdings hauptsächlich auf und ab: Unzählige winzige Tiere im Plankton verbringen den Tag in dunkleren Wassertiefen von 200 bis 400 Metern, wo sie von Räubern nicht gut gesehen werden. Kurz vor Sonnenuntergang schwimmen sie an die Oberfläche, um zu fressen – und hoffentlich nicht gefressen zu werden. Diese wohl größte Tierwanderung auf unserem Planeten passiert mit dem Lauf der Sonne jede Minute aufs Neue und weitgehend unbeobachtet vom Menschen.

Berge der hohen See

Ein bisher kaum erforschter Lebensraum sind die sogenannten Seeberge. Das sind aus der Tiefsee aufragende Erhebungen, die teilweise mehrere Kilometer hoch sein können, aber nicht über die Wasseroberfläche hinausgehen. Diese Formationen sind häufig reich an Leben, da viele Tiere sich auf der felsigen Oberfläche ansiedeln können und abgelenkte Meeresströmungen Nährstoffe aus der Tiefsee aufsteigen lassen. Die Gipfel einiger Seeberge sind so hoch, dass sie nur noch wenige Meter unterhalb der Wasseroberfläche liegen. Hier in der Lichtzone wachsen sogar ausgedehnte Algenwälder, die wiederum die Heimat für viele weitere Tierarten sind.

Streit um die Meere

Die Hochsee soll eigentlich niemandem gehören, wird aber leider stark ausgebeutet. Fischereischiffe können ihre Netze ohne Kontrollen auswerfen und der geplante Bergbau am Meeresboden bedroht die einzigartige Umgebung in der Tiefsee und an Seebergen. Um die wichtigen Lebensräume der hohen See zu bewahren, fordern Wissenschaftler und Naturschutzorganisationen große Meeresschutzgebiete, in denen keine Ausbeutung der Ozeane erlaubt ist. Firmen und Länder, die auf der Hochsee viel Geld verdienen wollen, stellen sich dagegen. Der Streit um die Meere wird wohl noch weitergehen.

Angeberwissen

- Eine Seemeile entspricht einer Distanz von 1 852 Metern.
- Die in der Seefahrt übliche Einheit für die Geschwindigkeit Seemeile pro Stunde wird als Knoten bezeichnet.

Unglaublich!

Ein Weißer Hai ist im Jahr 2004 von Südafrika bis nach Australien und wieder zurück geschwommen! Anhand eines Senders und der Rückenflosse, die wie ein Fingerabdruck beim Menschen bei jedem Tier anders ist, konnte bewiesen werden, dass der Hai nach nur neun Monaten wieder in Afrika war. Nach einer Schwimmstrecke von 20 000 Kilometern!

Bedrohte Anemone

In der Tiefsee leben viele noch nicht gut erforschte Tiere. Bergbau am Meeresboden würde solche Lebewesen zerstören.

Der Meeresboden

Einsiedlerkrebs
Dieser Meeresbodenbewohner lebt in einem Schneckenhaus. Mit seiner großen Schere fängt er Nahrung und verschließt die Schneckenhausöffnung.

Etwa 71 Prozent der Erde sind mit Wasser bedeckt. Und wo Wasser ist, muss es auch einen Boden geben. Doch was wissen wir eigentlich über die Böden unserer Ozeane? Bislang ist nur ein Bruchteil davon erforscht. Aber fest steht schon jetzt, dass sich dort unten spektakuläre Unterwasserlandschaften verbergen. Denn am Grund der Meere ist es nicht einfach nur glatt und öde wie in einem Schwimmbecken. Es gibt dort unten riesige Gebirge, tiefe Täler und Schluchten, aber auch brodelnde Vulkane und ausgedehnte Ebenen. Zahlreiche Tiere und Pflanzen leben und wachsen dort. All diese Organismen, die dort im oder auf dem Meeresboden leben, werden Benthos genannt. Das Wort stammt aus dem Griechischen und bedeutet so viel wie Meerestiefe. Typisch benthische Lebewesen sind zum Beispiel Plattfische, Algen, Krebse, Muscheln, Schnecken oder Würmer. Und die sind wiederum wichtig als Nahrung für Fische und andere größere Tiere, die über dem Meeresboden im freien Wasser leben.

Die Erforschung des Meeresbodens

Es gibt verschiedene Möglichkeiten, den Meeresboden zu erforschen. Man kann zum Beispiel selbst tauchen oder mit einem U-Boot auf Entdeckungsreise gehen. Für den großen Überblick aber kommen Seitensichtsonare und Fächerecholote zum Einsatz. Diese Geräte arbeiten mit Schallwellen, die zum Boden geschickt werden. Die Zeit, die die Wellen brauchen, um dort unten an- und wieder zurück an die Oberfläche zu kommen, wird gemessen. Ein Computer nutzt diese Daten und rechnet aus, wie es am Meeresgrund aussieht: glatt oder hügelig und ob mit Seegras oder Korallen bewachsen.

Angeberwissen

- Wissenschaftler aus aller Welt haben sich zum Ziel gesetzt, bis zum Jahr 2030 eine komplette und sehr genaue Karte des Meeresbodens zu erstellen.
- Mithilfe dieser Karte können wir dann das Meer und den Meeresboden besser verstehen und auf Herausforderungen wie Umweltzerstörung, Klimawandel und wachsenden Meeresbodenbergbau reagieren.

Fächerecholot
Ein Forschungsschiff sendet Schallwellen auf den Meeresboden. Auf einem Computer entsteht anschließend ein genaues Bild des darunterliegenden Meeresbodens.

Meeresboden

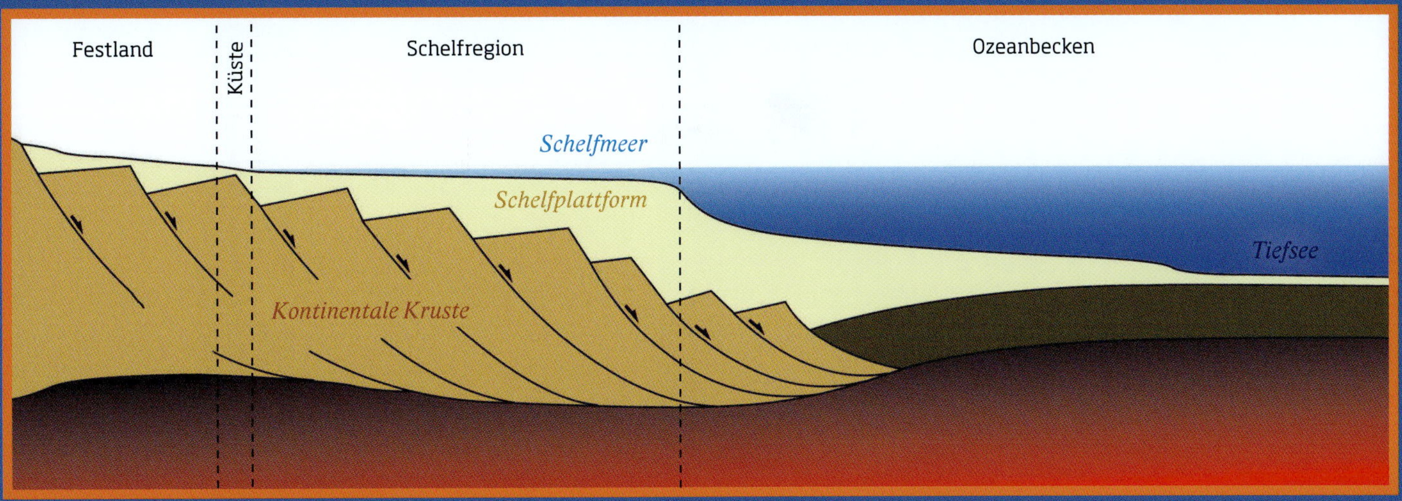

Schelfmeer

Der Boden der Schelfmeere besteht aus kontinentaler Kruste. Daher gehört er eigentlich zum Festland, auch wenn er von Wasser überspült ist.

Der Meeresboden ist voller Schätze

Tief unten am Meeresgrund ruhen viele verborgene Schätze, darunter unzählige alte Schiffswracks und versunkene Städte. Sie alle erzählen vom Leben der Menschen am und auf dem Meer. Es gibt aber auch wertvolle Rohstoffe, die dort unten vorkommen – etwa seltene Metalle, Methanhydrat, Manganknollen oder ganz einfach Sand und Kies. Genau diese Rohstoffe brauchen wir immer mehr, um daraus Flugzeuge, Autos, Smartphones oder ganze Städte bauen zu können. Die Nutzung der Ozeane wird also in der Zukunft stark zunehmen.

Methanhydrat

Methanhydrat lagert in mehr als 500 Metern Tiefe auf dem Meeresboden. Es hat sich bei niedriger Temperatur und unter sehr hohem Druck aus Wasser und dem Gas Methan gebildet. Methanhydrat könnte in Zukunft zu unserer Energieversorgung beitragen, denn bei seiner Verbrennung entsteht Energie. Wissenschaftler schätzen, dass die Menschheit dadurch mindestens 1 000 Jahre ihren Energiebedarf decken könnte. Allerdings ist Methanhydrat ein fossiler Brennstoff und wird unser Klima negativ beeinflussen, wenn es verbrannt wird.

Gut getarnt

Plattfische leben auf dem Meeresboden. Ihr flacher Körper hat sich perfekt an diese Lebensweise angepasst.

Der Atlantische Ozean

Der Atlantische Ozean wird auch Atlantik genannt und ist nach dem Pazifik der zweitgrößte Ozean der Erde. Er ist rund 106 Millionen Quadratkilometer groß, liegt zum größten Teil auf der Westhalbkugel und trennt Europa von Afrika und dem amerikanischen Kontinent. Der Atlantik bedeckt mit seinen Nebenmeeren etwa 20 Prozent der Erdoberfläche. Er ist das verkehrsreichste Weltmeer und vor allem für den Schiffsverkehr zwischen den beiden Wirtschaftsmächten Amerika und Europa wichtig. Im Durchschnitt ist er rund 3 930 Meter tief. Seine tiefste Stelle ist das Milwaukeetief vor der Küste Puerto Ricos in Mittelamerika: Hier geht es über 8 400 Meter hinunter! Wegen seiner großen Fischbestände ist der Atlantische Ozean auch wirtschaftlich von großer Bedeutung.

Fjord

Der warme Golfstrom sorgt dafür, dass die Fjorde und Häfen wie hier in Norwegen sogar im Winter eisfrei sind.

Golfstrom

Der Golfstrom ist eine der größten und schnellsten Meeresströmungen unseres Planeten und besonders warm. Ohne ihn wäre es bei uns in Europa im Schnitt fünf bis zehn Grad kälter.

Der Golfstrom

Der Golfstrom ist eine gewaltige Meeresströmung. Er zieht sich von der Karibik quer über den Atlantik bis nach Nordeuropa und transportiert mehr Wasser als alle Flüsse der Erde zusammen. Seine enorme Energie übersteigt die Leistung aller europäischen Kraftwerke um ein Tausendfaches. Europa beschert er durch sein warmes Wasser ein relativ mildes Klima. Deshalb sind zum Beispiel alle Häfen an der Westküste Norwegens auch im Winter immer eisfrei.

Was alles in der Strömung treibt

Die Temperatur des Golfstroms und seine Strömung haben großen Einfluss auf die Tier- und Pflanzenwelt des Atlantiks. Denn die Strömung transportiert Plankton. Plankton besteht aus tierischen und pflanzlichen Lebewesen, die sich nicht selbst fortbewegen können, sondern im Wasser treiben. Plankton bildet die Lebensgrundlage für viele größere Tiere wie Fische, Robben und Wale. Leider transportiert der Golfstrom aber auch sehr viel Plastikmüll, der auf Schiffen über Bord geworfen oder durch Flüsse in den Atlantik gespült wurde.

Schon gewusst?

Unter anderem werden Nord- und Ostsee, das Mittelmeer und manchmal auch der Arktische Ozean als Nebenmeere des Atlantiks aufgeführt. Viele Forscher sehen im Arktischen Ozean, der auch Nordpolarmeer genannt wird, jedoch den kleinsten Ozean der Erde.

Tiefe Spalten und Riesengebirge

Unsere Erde besteht aus Kontinentalplatten. Das sind riesige Gebiete, die auf der flüssigen Erdschicht liegen, so wie Eisschollen auf dem Meer. Die Nordmerikanische Kontinentalplatte und die Eurasische Platte driften beispielsweise jedes Jahr etwa zwei Zentimeter auseinander. Am besten zu sehen ist das auf Island in der Silfra-Spalte. Sie liegt genau auf der Nahtstelle zwischen den beiden Kontinentalplatten und jemand mit langen Armen kann unter Wasser mit der einen Hand Amerika und mit der anderen Europa berühren. Wenn zwei Platten auseinandergedrückt werden, kann auch Magma aus dem Inneren der Erde aufsteigen. Wenn das heiße, flüssige Magma in Kontakt mit dem Wasser kommt, wird es zu fester Lava und bildet neuen Meeresboden. So ist der Mittelatlantische Rücken entstanden. Diese riesige Gebirgskette, von der nur einzelne Spitzen an der Meeresoberfläche herausragen, liegt mitten im Atlantik und ist rund 20 000 Kilometer lang. Diese Spitzen sind zum Beispiel die Inseln der Azoren oder Island. Der Mittelatlantische Rücken ist wie der Buchstabe S geformt und liegt meist 1 500 bis 3 000 Meter unterhalb der Wasseroberfläche.

Weltberühmt

Das mit Abstand berühmteste Wrack der Welt ist die »Titanic« und liegt auf dem Grund des Atlantischen Ozeans. 1912 rammte der Luxusdampfer südlich vor Neufundland einen Eisberg und sank 3 821 Meter in die Tiefe. 1985 fand der amerikanische Unterwasserarchäologe Robert Ballard das Wrack. Auch der bekannte Regisseur James Cameron, der für seinen Film »Titanic« viele Preise gewann, hat das Wrack mehrfach mit einem U-Boot erkundet.

»Titanic«

Das Schiff war 270 Meter lang, hatte vier Schornsteine und drei riesige Schrauben. Es galt als unsinkbar.

Silfra-Spalte

Ein dicker Tauchanzug ist nötig, um im eiskalten Wasser der Silfra-Spalte zwischen Amerika und Europa zu schnorcheln oder tauchen zu gehen.

Geheimnisvoll

Mitten im Atlantik liegt zwischen Amerika und Afrika der Mittelatlantische Rücken. Eine fremde Welt mit hohen Bergen und tiefen Tälern. Welche Geheimnisse sich da unten wohl noch verbergen?

Der Indische Ozean

Kleine Perlen

Mitten im Indischen Ozean liegen nur knapp über dem Meeresspiegel die Inseln der Malediven.

Der Indische Ozean ist nach dem Pazifik und dem Atlantik der drittgrößte Ozean auf unserem Planeten. Er ist knapp 75 Millionen Quadratkilometer groß, liegt zum größten Teil auf der Südhalbkugel und umspült die Küsten der Kontinente Asien, Afrika, Australien und Antarktis. Der Indische Ozean bedeckt knapp 15 Prozent der Erdoberfläche und ist im Schnitt rund 4 000 Meter tief. Eine der tiefsten Stellen ist der Java-Graben in Indonesien. Diese Tiefseerinne ist 2 250 Kilometer lang – etwa so weit wie von Schweden nach Spanien – und an einer Stelle über sieben Kilometer tief!

Unbekanntes Gebiet

Mitten im Indischen Ozean, östlich von Madagaskar, liegt Saya de Malha. Ein riesiges, aber nahezu unbekanntes Flachwassergebiet, das mit rund 40 800 Quadratkilometern so groß wie die Schweiz ist. Weil das Gebiet nahe am Äquator liegt und das Wasser oft nur zehn Meter tief ist, gibt es dort eine reiche Flora und Fauna, also viele Pflanzen- und Tierarten. Trotzdem wissen wir bislang nicht viel über dieses Gebiet. Vor vielen Millionen Jahren gab es dort Inseln mit hohen Bergen. Durch geologische Prozesse sank das Gebiet dann aber immer weiter ab, bis es irgendwann im Meer verschwunden war. Entdeckt wurde es erst vor rund 500 Jahren durch Seefahrer aus Portugal. Sie fuhren durch den blauen Indischen Ozean und sahen unter dem Kiel ihrer Schiffe plötzlich grünes Seegras.

Mutige Seefahrer

Der Indische Ozean ist nach dem Land Indien im Süden des Kontinents Asien benannt. Schon vor vielen Hundert Jahren segelten Menschen an den schroffen Küsten entlang, um Handel zu treiben und fremde Gebiete zu erkunden. Dabei entdeckten und besiedelten Menschen aus Asien zum Beispiel die Insel Madagaskar. Neben dieser Insel liegen im Indischen Ozean außerdem unzählige große und kleine Inseln. Die bekanntesten sind wohl die Seychellen, Mauritius und die Malediven. Sie ziehen jedes Jahr Tausende Touristen an, die hier ihren Urlaub verbringen. Kein Wunder: Diese Paradiese sind über Wasser genauso einzigartig und spektakulär wie unter Wasser.

Quallen

Sie gehören zu den ältesten Lebewesen der Erde: Seit rund 600 Millionen Jahren leben Quallen in allen Meeren und haben sich seitdem kaum verändert. Wahre Überlebenskünstler!

Taucherparadies Malediven

Die Malediven liegen südwestlich von Indien, bestehen aus 1 196 kleinen Inseln und sind vor allem bei Tauchern und Schnorchlern sehr beliebt. Das ganze Jahr herrscht dort eine angenehme Wassertemperatur um die 28 Grad. Unter Wasser kann man Korallenriffe und ihre großen und kleinen Bewohner beobachten. Hier lebt zum Beispiel der orange-weiße Anemonenfisch, den man auch unter dem Namen Clownfisch kennt. Er lebt in einer Seeanemone, die ihn vor Fressfeinden schützt – und er wiederum schützt die Anemone vor Fressfeinden. Es gibt Steilwände, Höhlen und Überhänge, die mit knallbunten Schwämmen und Weichkorallen geschmückt sind. Mit ein bisschen Glück entdeckt man Mantas, Muränen, Riffhaie, Schildkröten und sogar Walhaie. Da die Inseln aber nur etwa einen Meter über dem Meeresspiegel liegen, sind sie besonders anfällig für den langsam ansteigenden Meeresspiegel.

Vorsicht: Piraten

Auch heute noch fahren unzählige Schiffe über den Indischen Ozean und verbinden so Europa mit Afrika und Asien. Dabei spielt der vor 150 Jahren gebaute Suezkanal eine wichtige Rolle. Dank ihm können Schiffe direkt vom Mittelmeer ins Rote Meer fahren, das bereits zum Indischen Ozean gehört. Am südlichen Ende des Roten Meeres liegt Somalia. Dort ist Vorsicht geboten, denn vor der Küste überfallen Piraten immer wieder vorbeifahrende Schiffe, um sie zu plündern oder Lösegeld dafür zu verlangen. Genauso haben das schon vor vielen Hundert Jahren unter anderem die Piraten in der Karibik gemacht.

Piraten

Die Piraten von Somalia sind bekannt und berüchtigt. Immer wieder überfallen sie Schiffe.

Schon gewusst?

Im Nordosten des Indischen Ozeans liegen die indonesischen Inseln. Sie trennen den Indik, wie er manchmal auch genannt wird, vom Pazifik. In diesem Teil der Welt gibt es viele Vulkane und leider immer wieder Erdbeben.

Taucherparadies

Im warmen und glasklaren Wasser vor den Malediven erwartet die Taucher eine fantastische Unterwasserwelt.

Der Pazifische Ozean

Dem Pazifischen Ozean macht so schnell keiner etwas vor: Er ist nicht nur der größte Ozean der Welt, sondern auch der tiefste! Von Nord nach Süd erstreckt er sich von den USA und Russland über etwa 15 000 Kilometer bis in die Antarktis, in Ost-West-Richtung vom amerikanischen Festland über etwa 18 000 Kilometer nach Australien und Südostasien. Insgesamt ist der Pazifische Ozean rund 181 Millionen Quadratkilometer groß und bedeckt somit 35 Prozent der Erdoberfläche. Er ist so groß, dass alle Kontinente zusammen bequem darin Platz finden könnten. Und sogar größer als die Oberfläche des Mondes! Gleichzeitig passen in den Pazifik 714 Millionen Kubikmeter Wasser – das ist mehr als die Hälfte des Wassers auf der gesamten Erde. Der Marianengraben im westlichen Teil ist mit etwa 11 000 Metern die tiefste Stelle auf unserem Planeten.

Wie er zu seinem Namen kam

Der Pazifische Ozean heißt auch Pazifik oder Stiller Ozean. Es war der berühmte portugiesische Seefahrer Ferdinand Magellan, der ihm diesen Namen gab. Im Jahr 1520 erreichte der Entdecker während seiner Weltumsegelung den Pazifik. Weil dort 100 Tage lang kein Lüftchen wehte, nannte er das Meer »Mar pacifico«, übersetzt »Friedliche See«. Aber der Name täuscht, denn auch im Pazifik gibt es heftige Stürme. Je nach Gebiet heißen sie anders: Taifun über dem Nordwestpazifik, Hurrikan über dem Nordostpazifik oder Zyklon über dem Südpazifik.

Unzählige Inseln ...

Wie Stecknadelköpfe ragen immer wieder kleine Inseln aus der riesigen Wasserwüste heraus. Bis heute diskutieren Forscher, wie viele es genau sind. Die Angaben schwanken zwischen 3 000 und mehreren Zehntausend – je nachdem, ob auch Sandbänke, Felsen und Koralleninseln als Inseln zählen.

Unglaublich!

Wenn man mal vollkommen allein sein möchte, ist Point Nemo im südlichen Pazifik genau die richtige Stelle dafür. Das nächste Land ist rund 2 700 Kilometer entfernt! Außerdem ist Point Nemo ein Raumschiff-Friedhof: Zwischen 1971 und 2016 wurden dort mehr als 260 Raumschiffe im Meer versenkt – natürlich ohne Besatzung.

Heiß wie ein Vulkan

Eine Besonderheit ist der Pazifische Feuerring: eine etwa 40 000 Kilometer lange Kette aus Vulkanen, die fast den gesamten Pazifik umgibt. Weil sich dort Erdplatten übereinander schieben, gibt es immer wieder Vulkanausbrüche und heftige Erdbeben, die wiederum gewaltige Flutwellen auslösen können.

... und ihre Entdecker

Auf der Suche nach neuem Land wagten sich ab etwa 1500 vor Christus die ersten Menschen hinaus auf die scheinbar unendliche Weite des Pazifiks. Mit hochseetüchtigen Doppelrumpf-Kanus aus Holz und einfachen Dreiecksegeln stachen sie wahrscheinlich von Südostasien aus in See. Sie stießen auf die Tausende Kilometer entfernten Inselgruppen, die heute Melanesien, Mikronesien und Polynesien genannt werden. Da es damals noch keine GPS-Geräte gab, müssen die ersten Siedler wahre Meister der Navigation gewesen sein. Sie orientierten sich nur an Sternen, Wind, Wellen und Strömung.

Schon gewusst?

Bereits zwölf Menschen waren auf dem Mond, aber erst vier am tiefsten Punkt der Erde. Im Jahr 1960 sanken Jacques Piccard und Don Walsh mit ihrem Tauchboot »Trieste« im Marianengraben auf 10 916 Meter hinunter. Erst 2012 folgte ihnen James Cameron mit seinem U-Boot »Deepsea Challenger«. Der vierte Mensch war Victor Vescovo im Jahr 2019. Er entdeckte dort unten vier neue Tierarten, aber leider auch eine Plastiktüte.

Trieste

Vulkaninsel

Bora Bora in der Südsee ist bekannt für weiße Strände und kristallklares Wasser. Das Atoll ist ein erloschener Vulkan.

Die Polarmeere

Unglaublich!
2012 erreichte das Arktische Meereis die bisher kleinste Abmessung seit Beginn der Aufzeichnung. Mit einer Fläche von rund 3,5 Millionen Quadratkilometern war es nur etwa halb so groß wie das Eis im Jahr 1994 – ein trauriger Rekord.

Die beiden Meere in den kalten Regionen unserer Erde, in der Antarktis und der Arktis, haben zwei Dinge gemeinsam: Das Wasser ist mit bis zu minus zwei Grad sehr kalt und beide Meere sind im jeweiligen Polarwinter teilweise von einer Eisschicht bedeckt. Ansonsten könnten sie kaum unterschiedlicher sein: Während die Arktis am Nordpol ein von Kontinenten umgebener Ozean ist, befindet sich am Südpol der riesige Kontinent Antarktis, umflossen vom Südpolarmeer.

Das Meer im Norden

Der Arktische Ozean ist mit einer Fläche von 14 Millionen Quadratkilometern der kleinste Ozean der Erde. Er ist mit dem Atlantik durch das Europäische Nordmeer und die über fünf Kilometer tiefe Framstraße verbunden, die sich zwischen Grönland und Spitzbergen befindet. Auf der dem Pol gegenüberliegenden Seite kann das Wasser durch die Beringstraße fließen, die mit einer Wassertiefe von nur 50 Metern sehr flach ist. Über dem größten Teil des Arktischen Ozeans herrscht im Winter die dunkle Polarnacht, das heißt, die Sonne geht nicht auf. Tiere und Pflanzen im Oberflächenwasser müssen sich in diesem Meer an extreme Bedingungen anpassen.

Der größte Fluss der Welt

Der Südliche Ozean, auch Südpolarmeer oder Antarktischer Ozean genannt, hat keine klaren Begrenzungen: Er wird heute als das Meeresgebiet südlich des 60. Breitengrades angesehen. Mit rund 20 Millionen Quadratkilometern ist er unser zweitkleinster Ozean. Rund um den Kontinent Antarktis fließt der gewaltige Antarktische Zirkumpolarstrom, der durch die in dieser Region starken Westwinde angetrieben wird. Der Strom transportiert mehr als hundertmal so viel Wasser wie alle Flüsse der Erde zusammen! Der kürzeste Weg von der Südspitze des amerikanischen Kontinents bis zur Antarktischen Halbinsel ist 800 Kilometer lang und unter dem Namen Drakestraße bekannt. Allerdings ist er bei Seefahrern berüchtigt und gefürchtet, denn hier können schwere Stürme aufziehen.

Polargebiete
Für die Begrenzung der Polargebiete gibt es verschiedene Definitionen. Eine gemeinsame Eigenschaft teilen die Polarmeere aber: Eis spielt hier eine wichtige Rolle!

Eisbären auf der Jagd

Eine Eisbärenmutter hat für sich und ihr Junges eine Robbe getötet. Die Bären sind auf Meereis angewiesen, damit sie hier ihre Beute jagen können. Nur mit dem energiereichen Fett der Robben überstehen sie das Leben in der Kälte.

Nahrung aus dem Meer

In der Arktis und Antarktis gibt es an Land nur wenige und vor allem nur kleine, niedrigwachsende Pflanzen, von denen sich Tiere ernähren könnten. Die meisten Bewohner der Polargebiete sind deshalb von Nahrung aus dem Meer abhängig. Wale und Pinguine in der Antarktis fressen unter anderem kleine Krebstiere, den sogenannten Krill, der in riesigen Schwärmen vorkommt und sich wiederum von mikroskopisch kleinen Algen unter den Eisschollen ernährt. Robben rund um den Nordpol fressen Fische und Krebse und werden selbst von Eisbären gejagt, die teilweise ihr gesamtes Leben auf dem Eis verbringen und nur zur Geburt der Jungen zurück an Land müssen.

Das Eis schmilzt

Die beiden Polarmeere sind durch den vom Menschen verursachten Klimawandel stark bedroht und verändern sich aktuell sehr schnell. Am Computer berechnete Modelle von Meereswissenschaftlern sagen voraus, dass die Arktis in nur wenigen Jahrzehnten im Sommer komplett eisfrei sein könnte. Die Antarktis dagegen besitzt zwar aktuell noch sehr viel Eis, das aber auch verloren geht. Mittlerweile verliert der Eispanzer rund um den Südpol unvorstellbare 250 Milliarden Tonnen Eis pro Jahr. Das ist ungefähr so viel wie ein Eiswürfel mit jeweils sechs Kilometern Kantenlänge. Das schmelzende Eis hat negative Folgen für die Tierwelt. Eisbären würden dann keine Robben mehr jagen können und aussterben. Pinguine würden weniger Krill finden und könnten ihren Nachwuchs schlechter versorgen. Nur wenn alle Menschen im Kampf gegen den Klimawandel zusammenarbeiten, können diese artenreichen Regionen geschützt werden.

Eisarten

In den Polargebieten sieht man auf dem Wasser zwei verschiedene Arten von Eis. Meereis kann sich an der Oberfläche kalter Meere bilden und eine Dicke von mehreren Metern erreichen. Gletschereis und Tafeleisberge brechen von Eiszungen an Land ab, die sich über Jahrtausende aus zusammengepresstem Schnee geformt haben. Die entstandenen Eisberge können Hunderte Meter hoch werden, sind aber nur zu einem kleinen Teil über der Wasseroberfläche zu sehen.

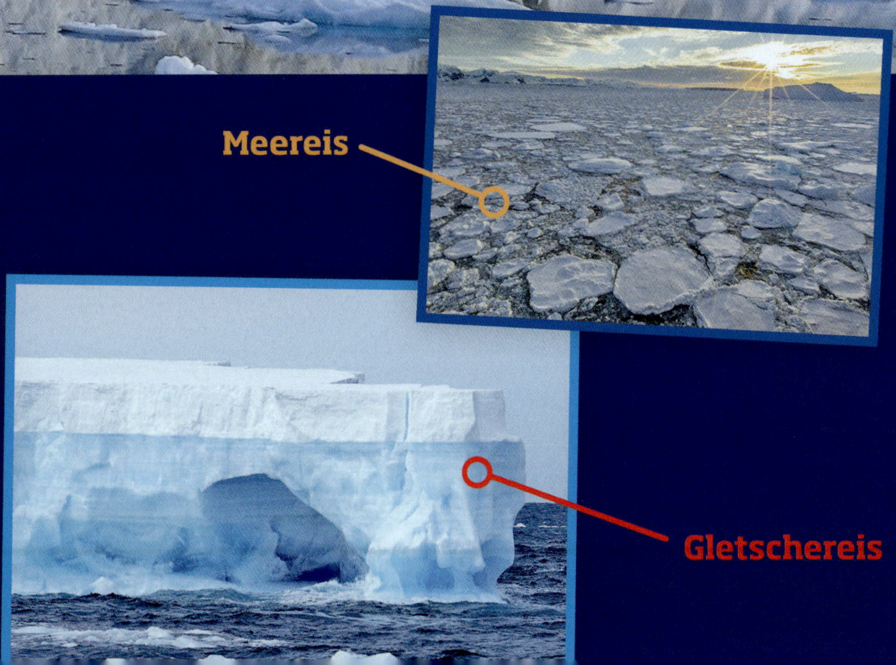

Kuriose Meeresbewohner

Die Meere sind der größte Lebensraum auf unserer Erde. In ihnen hat sich vor sehr langer Zeit das erste Leben entwickelt. Auch heute passen sich Tiere und Pflanzen ständig an neue Lebensbedingungen an und besiedeln so mit teilweise erstaunlichen Fähigkeiten sämtliche Ecken unserer Ozeane.

Fetzenfisch

Einer der bizarrsten Fische auf der Erde sieht nicht mal nach einem Fisch aus! Er erinnert eher an ein abgerissenes Stück einer Alge. Der Fetzenfisch lebt an der Südküste Australiens und ist so gut getarnt, dass er auch nicht wegschwimmt, wenn sich ein Taucher nähert. Er vertraut darauf, nicht gesehen zu werden. Das Tier ist ein Verwandter des Seepferdchens und kann mit seiner langen Schnauze blitzschnell winzige Krebse oder Würmer im Wasser einsaugen. Die erkennen es durch seine Tarnung nicht und merken so nicht, in welcher Gefahr sie schweben.

Pistolenkrebs

Dem Cowboy der Meere sollte man nicht zu nahe kommen – auch wenn er nur wenige Zentimeter lang ist. Pistolenkrebse können mit einer Schere einen Wasserstrahl erzeugen, der so schnell ist, dass er dabei verdampft und Temperaturen von mehreren Tausend Grad Celsius erreicht! Mit dieser Waffe kann sich das Tier gegen Feinde verteidigen und Beute erlegen. Zu seinen Artgenossen ist der waffenschwingende Winzling aber meistens netter. Pistolenkrebse leben im Pazifischen Ozean, zum Beispiel an der Pazifikküste Panamas.

Beluga

Die weißen Wale leben im Arktischen Ozean und sind vermutlich die stimmgewaltigsten Tiere aller Ozeane. Eigentlich singen, trällern und pfeifen sie die ganze Zeit – um mit ihren Artgenossen zu kommunizieren, aber auch um ihre Umgebung zu erkennen und ihre Beute zu finden.

Meeresschnecke Elysia chlorotica

Diese kleine Schnecke hat eine wahre Superkraft entwickelt. Sie ernährt sich indirekt von Licht! Die Universität von Maine in Orona fand heraus, dass die Schnecke die Chloroplasten aus ihrer Algennahrung in ihren Körper einbaut. Chloroplasten kommen nur in Pflanzen vor und sorgen bei der Fotosynthese für eine Umwandlung des Sonnenlichts in Energie. Dank der Versorgung durch die grünen Kraftwerke kann die Schnecke vermutlich monatelang ohne Nahrung überleben. Dieses Tier lebt im Nordatlantik, etwa an der Ostküste der USA.

Seewespe

Diese Qualle ist eines der giftigsten Tiere der Erde und etwa in Nordaustralien oder vor den Philippinen zu finden. Mit ihren Tentakeln fängt sie kleine Fische oder Garnelen. In trübem Wasser kann es aber auch zu Unfällen mit Menschen kommen – die Folgen sind starke Schmerzen und Kreislaufprobleme.

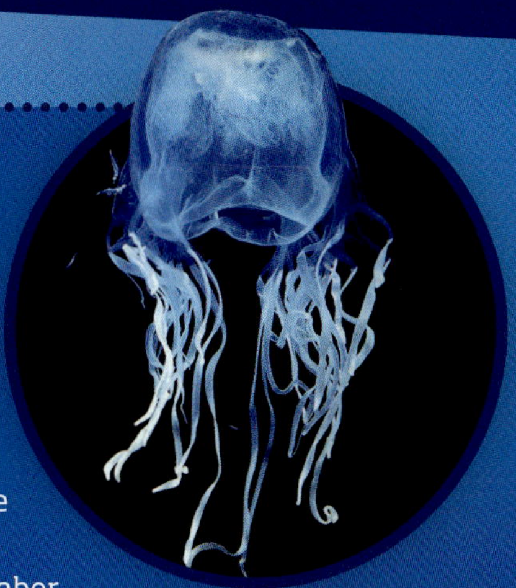

Yeti-Krabbe

In der Nähe von heißen Quellen in der Tiefsee, etwa 1500 Kilometer südlich der Osterinsel im Pazifischen Ozean, werden immer wieder weiße Krabben gesehen, deren Körper und Scheren von langen Borsten überzogen sind. Die Tiere sind blind und ernähren sich vermutlich von Bakterien, die auf ihrem Panzer wachsen. Da die Tiere nur selten von Forschern Besuch bekommen, wissen wir nicht viel über sie. Aber einen passenden Namen haben sie: Yeti-Krabben.

© Ifremer/Alexis Fifis

Unglaublich!

Ausgewachsene Grönlandhaie werden über fünf Meter lang. Allerdings wachsen sie sehr langsam. Neue Forschungen haben gezeigt, dass die im Eiswasser der Arktis lebenden Haie vermutlich über 400 Jahre alt werden können! Damit wäre der kalte Koloss das Wirbeltier mit der längsten Lebensspanne auf der Erde.

Katuali

Die felsige Insel Niue im Südpazifik ist eines der kleinsten Länder der Erde. Vor der Küste des Inselstaates lebt eine hübsch gebänderte Seeschlange, die von den Einwohnern Katuali genannt wird. Wie alle Seeschlangen ist das Tier äußerst giftig, beißt Menschen aber nur zur Verteidigung und wenn es gereizt wird. Niue ist der einzige Ort auf der Welt, an dem die Katuali lebt. Man bezeichnet so eine Art als endemisch.

Ozeane in Gefahr

Wenn von einer Art Fisch mehr gefangen wird als nachwachsen kann, spricht man von Überfischung. Die Anzahl der Tiere wird kleiner, bis es im Extremfall keine mehr gibt. Weil viele Menschen Fisch essen wollen und die Fangschiffe immer größer werden, gelten heute in manchen Ozeanen mehr als die Hälfte der Fischbestände als überfischt. Häufig werden wissenschaftliche Empfehlungen zum Fischfang von den Ländern ignoriert, was den Bestand mancher Fischarten zusammenbrechen lässt. In den Netzen der Fischer landen nicht nur die gewünschten Fische, sondern auch sehr häufig der sogenannte Beifang. Teilweise können das größere Raubfische wie Haie oder Schwertfische sein, aber auch Schildkröten und Delfine, die in den Netzen hängen bleiben und dann ersticken. Besonders große Schäden richten Grundschleppnetze an, die teilweise mit schweren Ketten über den Meeresboden gezogen werden, diesen so aufwühlen und festsitzende Lebewesen wie Anemonen, Schwämme oder Korallen zerstören.

Plastik im Meer

Plastik ist aus unserem Leben nicht wegzudenken. Es befindet sich in Häusern, Möbeln, Autos, Fahrrädern, Schiffen und Flugzeugen – in nahezu allen Geräten, die wir täglich gebrauchen und auch in unserer Kleidung. Ein riesiger Teil davon landet im Meer, aktuell sind es ungefähr zehn Millionen Tonnen pro Jahr! Plastik erreicht auf vielen Wegen die Ozeane: Es wird von Schiffen entsorgt und durch Flüsse in die Ozeane gespült, durch den Wind von Müllhalden verweht und von unachtsamen Menschen direkt ins Wasser geworfen. Durch Wind, Wellen und Sonneneinstrahlung werden die größeren Teile immer feiner zerrieben, bis sie nur noch wenige Millimeter groß und kaum mehr zu sehen sind. Dieses sogenannte Mikroplastik sinkt ab und landet in der Tiefsee, wo es große Schäden anrichten kann. Tiere im Meer und Vögel halten diese Teilchen oft für Nahrung und fressen das Plastik. Und so kann es vorkommen, dass winzige Plastikteilchen auch in dem Fisch sind, den wir essen.

Unglaublich!

Weltweit werden pro Minute etwa eine Million Plastikflaschen verkauft. Und jede dieser PET-Flaschen benötigt etwa 450 Jahre, um in kleinste Teilchen zu zerfallen!

Verfangen

In Plastikteilen und Netzen verfangen sich Fische, Krebse, Vögel und Meeressäuger und können sich nicht mehr aus eigener Kraft befreien.

Was für ein Müll!

Mit den Strömungen wird Müll im Wasser vertrieben, sinkt entweder ab oder wird durch die Wellen zurück an einen Strand geworfen.

Schadstoffe in unseren Gewässern

Durch besser gebaute Transportschiffe ist die Ölverschmutzung der Ozeane durch Tankerunglücke zurückgegangen. Andere Stoffe aus der Industrie und der Landwirtschaft verursachen allerdings weniger sichtbare Schäden mit weiter reichenden Folgen. Aus der Industrie und aus Kraftwerken, durch unsere Abwässer und aus Schiffen gelangen chemische Substanzen wie Quecksilber, Zinnverbindungen oder Insektenvernichtungsmittel in Flüsse oder Meere, die bei Lebewesen schwere gesundheitliche Schäden hervorrufen können. Manche Schnecken können sich aufgrund dieser Schadstoffbelastung zum Beispiel nicht mehr fortpflanzen und Vogeleier können immer dünner und zerbrechlicher werden. Aber auch größeren Tieren machen diese chemischen Substanzen zu schaffen. In Eisbären und Orcas etwa sammeln sich durch das verschmutzte Wasser Schadstoffe an, die dann die Fortpflanzungsfähigkeit der Tiere verringern.

Gülle und andere Dünger

Eine dauerhafte Bedrohung sind Nährstoffe, die über Gülle und Kunstdünger in der Landwirtschaft auf die Felder gebracht werden. Durch den Regen gelangen diese Stoffe ins Grundwasser und werden in Küstennähe direkt ins Meer gespült. An solchen Stellen entstehen dann als Erstes sogenannte Plankton- oder Algenblüten, da sich pflanzliches und tierisches Plankton durch die Nährstoffe unnatürlich stark vermehrt. Wenn das Plankton dann abstirbt, wird es von Bakterien zersetzt, die dabei den Sauerstoff im Wasser verbrauchen. Am Ende kann eine sauerstoffarme Todeszone entstehen, in der keine Tiere mehr leben können. Dieses Phänomen tritt zum Beispiel teilweise in der Ostsee auf, die nur einen geringen Wasseraustausch mit der Nordsee hat und in der sich die Nährstoffe aus der Landwirtschaft sammeln.
Die Verbreitung von schädlichen Stoffen zeigt immer wieder, dass alle Ozeane miteinander verbunden sind und so die Folgen von Verschmutzung überall auf der Welt zu spüren sind. Für einen besseren Schutz der Meere ist es daher wichtig, dass alle Länder zusammenarbeiten.

Trauriger Beifang

Manche Tiere, die nur aus Versehen in den Netzen landen, werden wieder freigelassen. Die meisten überleben das allerdings nicht.

Algenbildung

Wenn sich etwa durch Dünger zu viele Nährstoffe im Wasser befinden, können sich Algenblüten entwickeln. Diese sind aus der Luft zu sehen und verbrauchen beim Zerfall große Mengen Sauerstoff im Wasser.

Klimawandel – die unsichtbare Bedrohung

Fossile Brennstoffe wie Öl, Kohle und Gas stammen aus längst vergangenen Zeiten. Wir können ihre Energie nutzen, indem wir sie in Kraftwerken, Industrieanlagen, Fahrzeugen und Häusern verbrennen. Dabei wird Kohlendioxid freigesetzt, kurz CO_2. Das Gas CO_2 macht mit 0,04 Prozent nur einen sehr geringen Teil unserer Atmosphäre aus, hat aber eine entscheidende Wirkung. Zusammen mit anderen Gasen sorgt es dafür, dass ein Teil der wärmenden Sonneneinstrahlung nicht wieder ins Weltall abgestrahlt wird, sondern auf der Erde bleibt. Ohne diesen sogenannten Treibhauseffekt wäre es auf der Erde etwa 33 Grad kälter und das Leben in der aktuellen Vielfalt nicht denkbar. Da sich aber durch unseren Energieverbrauch immer mehr CO_2 in der Luft ansammelt, bleibt auch immer mehr Wärme in unserer Atmosphäre: Die Erde heizt sich auf.

Korallen mit Hitzschlag

Erwärmt sich die Luft, erwärmen sich auch die Meere. Und das mit schlimmen Folgen, denn Korallen in den ohnehin schon warmen, tropischen Meeren reagieren empfindlich auf die Temperaturerhöhung. Zuerst bleichen sie aus, werden weiß und sterben dann sogar ab, wenn die Temperatur nicht sinkt. Korallenriffe bedecken zwar nur einen kleinen Teil des Meeresbodens, beherbergen aber einen großen Anteil der in den Ozeanen lebenden Fischarten. Auch im kalten Wasser bringt der Klimawandel das Leben gefährlich durcheinander. Riesige Kelpwälder, die das wärmer werdende Wasser nicht vertragen, sterben ab und sind dann für immer verloren. Die Arktis am Nordpol ist eines der Gebiete auf der Erde, die sich am stärksten erwärmen. Das Meereis bedeckt im Nordpolarmeer eine immer geringere Fläche und wird dünner. Eisbären, die auf Eisschollen liegende Robben jagen, finden so seltener Nahrung und sind in naher Zukunft wahrscheinlich vom Aussterben bedroht.

Eine saure Zukunft

Wenn das in der Atmosphäre angereicherte Kohlendioxid mit dem Meerwasser in Kontakt kommt, löst es sich darin. Dort bildet es einfach ausgedrückt Kohlensäure, die den Ozean immer saurer macht. Das wird zu einem wachsenden Problem für Tiere, die Kalk zur Bildung ihres Gehäuses produzieren: zum Beispiel Korallen, Muscheln und Schnecken. Denn Säure löst den Kalk auf – das Prinzip kennt man aus dem Haushalt, wenn Kalkreste in der Küche oder im Bad mit Essigreiniger oder Zitronensäure entfernt werden. Schon heute finden sich Vertreter aus dem Tier- und Pflanzenreich wie Austern, Seeigel, Meeresschnecken und mikroskopisch kleine, einzellige Algen im

Das große Tauen

Das Meereis der Arktis ist in den letzten Jahrzehnten in rasantem Tempo geschmolzen und könnte im Sommer bald ganz verschwunden sein.

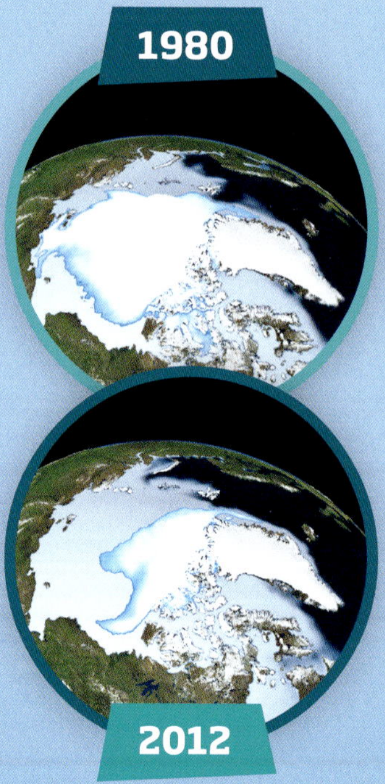

Schwere Folgen

Der Eisbär leidet schon heute unter den Folgen des Klimawandels. In Zukunft werden noch viele andere Lebewesen mit den Auswirkungen zu kämpfen haben.

Korallenbleiche

Ausgeblichene Korallen verlieren ihre Algen und wirken so weiß (1). Ein gesundes Korallenriff dagegen leuchtet in bunten Farben (2).

Plankton, die durch das saurer werdende Meerwasser dünnere Schalen haben, kleiner und schwächer werden und nicht mehr so überlebensfähig sind wie früher. Weil die Versauerung der Ozeane so viele verschiedene Lebewesen beeinflusst, sind sich die Meeresforscher einig, dass sie eine große Bedrohung für ganze Nahrungsketten und Lebensräume darstellt.

Der Wandel verstärkt sich selbst

Einige Länder auf der Erde versuchen, durch eine Umstellung auf erneuerbare Energien wie Windkraft oder Solarenergie den Ausstoß von Kohlendioxid zu verringern. Es ist aber wichtig, dass das bald passiert. Denn der Wandel zu einem immer wärmeren Klima verläuft nicht gleichmäßig, sondern scheint sich in den letzten Jahren deutlich zu beschleunigen. Das könnte an den sogenannten positiven Rückkopplungen liegen, die Mechanismen beschreiben, wie der Klimawandel sich selbst verstärkt. Durch die Eisschmelze in der Arktis wird die dunkle Wasseroberfläche sichtbar, die das Sonnenlicht nicht mehr so gut reflektiert wie das weiße Eis und dadurch noch mehr Wärme aufnimmt. In warmen Gebieten dagegen verdampft durch die Erwärmung der Ozeanoberfläche mehr Wasser, das in die Atmosphäre aufsteigt. Wasserdampf ist aber im Vergleich zu CO_2 ein noch stärkeres Treibhausgas und verstärkt den Treibhauseffekt.

Nasse Füße

Wasser kann im Vergleich zu Luft gewaltige Mengen Wärme aufnehmen. Die durch den menschengemachten Klimawandel entstandene Wärme wird zum größten Teil im Ozean gespeichert. Über 90 Prozent der zusätzlichen Wärme haben die Meere bisher aufgenommen! Ohne unsere Ozeane würde der Klimawandel viel schneller ablaufen und das Leben auf der Erde noch stärker beeinflussen. Wenn sich Flüssigkeiten erwärmen, dehnen sie sich allerdings aus. So ist das auch in den Ozeanen, die aber nach unten durch den Meeresboden begrenzt sind. Also weicht das Meerwasser nach oben aus und lässt den Meeresspiegel zusätzlich zum Abschmelzen der Eismassen ansteigen. In den letzten 120 Jahren ist der Meeresspiegel um ungefähr 23 Zentimeter angestiegen. Viele Atolle im Pazifik oder flache Inselstaaten wie die Malediven werden dadurch immer öfter überflutet.

Positive Rückkopplung

Sonnenstrahlen werden von Eis und Schnee wie bei einem Spiegel reflektiert. Kommt allerdings durch die Erwärmung das dunkle Meerwasser oder der dunkle Erdboden zum Vorschein, werden die Sonnenstrahlen aufgenommen. Die Folge ist eine weitere Erwärmung dieser Bereiche.

Fossile Brennstoffe

Beim Verbrennen von Öl, Gas und Kohle entsteht Kohlendioxid, das für eine weitere Erwärmung der Erdatmosphäre sorgt.

Gefahren aus dem Meer

Am Meer zu stehen, den Wellen zuzusehen und in die Ferne zu blicken, ist für viele Menschen ein tolles Gefühl und wirkt auf sie beruhigend. Das Meer kann aber nicht nur friedlich, sondern auch gefährlich sein. Es gibt natürliche Gefahren und Gefahren, die der Mensch selbst verursacht hat.

Tsunamis

Tsunamis zählen zu den verheerendsten Naturkatastrophen, mit denen wir Menschen konfrontiert werden können. Tsunamis entstehen immer dann, wenn plötzlich an einer Stelle sehr viel Wasser verdrängt wird, zum Beispiel bei schweren unterseeischen Erdbeben. Wenn sich der Meeresboden dabei hebt oder senkt, entstehen an der Meeresoberfläche Wellenberge und Wellentäler. Auf dem offenen Meer ist diese Welle kaum einen Meter hoch. Aber sobald das Wasser in der Nähe einer Küste flacher wird, staut es sich auf und kann sich zu einer riesigen, haushohen Welle auftürmen. Das Wasser kann viele Hundert Meter weit ins Landesinnere vordringen und alles mit sich reißen. Am 26. Dezember 2004 wurde ein Tsunami durch ein sehr starkes Beben nahe der indonesischen Insel Sumatra ausgelöst. Die Wellen erreichten sogar das über 5000 Kilometer entfernte Somalia in Afrika. Vermutlich starben mehr als 230 000 Menschen durch diese Katastrophe. Um die Menschen an der Küste zu schützen, gibt es mittlerweile in vielen gefährdeten Regionen Tsunami-Frühwarnsysteme.

Monsterwellen

Lange Zeit glaubte man, dass plötzlich auftretende Monsterwellen nur altes Seemannsgarn sind und gar nicht existieren. Erst im Jahr 1995 gab es einen wissenschaftlichen Beweis für diese Wellen, die auch Freak Waves genannt werden. Damals haben Sensoren an einer norwegischen Ölplattform während eines Sturms in der Nordsee eine einzelne Welle registriert, die unglaubliche 26 Meter hoch war! Seitdem werden sie erforscht. Die genaue Entstehung von Monsterwellen hängt von vielen Faktoren ab. Sowohl Wind und Wetter als auch Strömungsverhältnisse spielen dabei eine Rolle. Wissenschaftler schätzen, dass ständig 10–20 Monsterwellen gleichzeitig auf den Weltmeeren unterwegs sind. Im

Riesige Wellen

Bisher gibt es keine guten Fotos von Monsterwellen. Sie sind aber auf jeden Fall um einiges höher als diese große Welle. Mithilfe von Satelliten im All können sie beobachtet werden.

Kleiner Leuchtturm?

Wo das Meer auf Land trifft, wird deutlich, wie viel Kraft das Wasser hat. Da wirkt der große Leuchtturm plötzlich ganz klein und unbedeutend.

Tsunami

Bei einem Tsunami trifft eine Schockwelle auf flaches Ufer. Dabei wird sie gestaucht und türmt sich meterhoch auf. Die Uferbereiche werden überflutet. Wenn das Wasser anschließend wieder zurückweicht, können Menschen, Tiere und Gegenstände weit auf den Ozean hinausgespült werden.

Jahr 2001 wurde das deutsche Kreuzfahrtschiff »Bremen« vor der argentinischen Küste von einer 35 Meter hohen Welle getroffen – und entging nur knapp dem Untergang.

Geisternetze

Herrenlose Fischernetze, die frei durchs Meer treiben oder an alten Wracks hängen und so zur Gefahr für Meeresbewohner werden, nennt man Geisternetze. Neben Fischen verheddern sich auch Wale, Robben, Schildkröten und tauchende Vögel in ihnen. Verlorene oder absichtlich weggeworfene Netze fischen nicht nur endlos und ohne Sinn weiter, sie verrotten am Meeresgrund auch erst nach 400 bis 600 Jahren und tragen damit zur Plastikverschmutzung der Meere bei.

Tickende Zeitbomben

Je nach Schätzungen liegen in unseren Weltmeeren über 10 000 Schiffswracks mit gefährlichem Inhalt und rosten vor sich hin. Der Großteil der Wracks stammt aus dem Zweiten Weltkrieg. Es sind tickende Zeitbomben, denn über kurz oder lang werden sie zerfallen. Dann könnten viele Millionen Liter Öl und weitere Schadstoffe in die Ozeane gelangen und sie verschmutzen. Das wäre für viele Tiere und Pflanzen sehr gefährlich.

Munition vor unserer Haustür

Allein in Deutschland liegen rund 1,6 Millionen Tonnen Munition am Grund von Nord- und Ostsee. Würde man diese Menge auf einen Güterzug verladen, hätte er eine Länge von 3 000 Kilometern und würde von Kiel an der Ostsee bis nach Rom reichen. Die Munition verrostet langsam im Salzwasser und entlässt ihre giftigen und gesundheitsschädlichen Inhaltsstoffe in die Umwelt.

Tropischer Sturm

Die meisten tropischen Stürme entstehen über dem Meer durch aufsteigenden Wasserdampf. Das fast windstille Zentrum eines Wirbelsturms wird Auge genannt.

Der Schutz unserer Meere

Unter Kontrolle

Nach einigen Jahren könnte es in Meeresschutzgebieten wieder große Fischschwärme geben.

Wie voll mit Leben müssen die Meere gewesen sein, bevor wir Menschen angefangen haben, sie stark zu befischen, die Erderwärmung voranzutreiben und das Meerwasser mit Plastikmüll und schädlichen Stoffen zu belasten? Das können wir uns heute kaum noch vorstellen. Allein in den letzten 50 Jahren schrumpfte der Bestand der großen Meerestiere um etwa 50 Prozent – heute schwimmen also viel weniger Schildkröten, Haie oder Thunfische durch unsere Meere. Manche Walarten wurden durch den industrialisierten Walfang in den letzten beiden Jahrhunderten fast ausgerottet. Tiere wie der Grönlandwal haben sich bis heute kaum erholt und vom Atlantischen Nordkaper gibt es weltweit nur noch ungefähr 300 Tiere.
Es ist wichtig, in der Zukunft eine gesunde Lebensgrundlage für Pflanzen, Tiere und Menschen zu schaffen. Dafür muss sich die Natur wieder erholen können und vielleicht an einigen Stellen wieder so gesund werden, wie sie es vor dem starken Eingreifen des Menschen einmal war.

Schutzzonen

Der beste Weg, den Meeren eine Verschnaufpause vor der Ausbeutung und der Verschmutzung zu geben, ist die Einrichtung von Meeresschutzgebieten. In diesen Regionen sollten die Fischerei, der Bergbau am Meeresboden und das Bohren nach Öl komplett verboten sein. Bis heute sind nur wenige Gebiete in den Ozeanen geschützt und in manchen Schutzzonen darf sogar weiterhin gefischt werden. Naturschutzorganisationen fordern, dass bis zum Jahr 2030 mindestens 30 Prozent der Meere vollständig unter Schutz gestellt werden, damit die Unterwasserwelt gesund bleibt. Doch die Länder haben unterschiedliche Interessen, möchten zum Beispiel weiterhin Fische fangen und Rohstoffe aus dem Meeresboden holen und können sich nicht einigen. Bis heute gibt es keine internationale Meeresschutzbehörde, die einheitliche Regeln aufstellen könnte, an die sich alle Länder halten müssten. Mit ihrer Hilfe könnten wir die Weltmeere besser schützen.

Grönlandwal

Diese Walart pflanzt sich so selten fort, dass sie im Moment vom Aussterben bedroht ist.

Meeresschutzgebiete

Nur kleine Bereiche der Ozeane sind bis heute gut geschützt. In sogenannten No-Take-Zonen darf überhaupt nicht gefischt werden. Forscher und Umweltschützer fordern, dass bis zum Jahr 2030 mindestens 30 Prozent der Meeresoberfläche auf diese Art unter Schutz gestellt werden müssen, damit diese empfindlichen Lebensräume eine Chance haben, sich zu erholen.

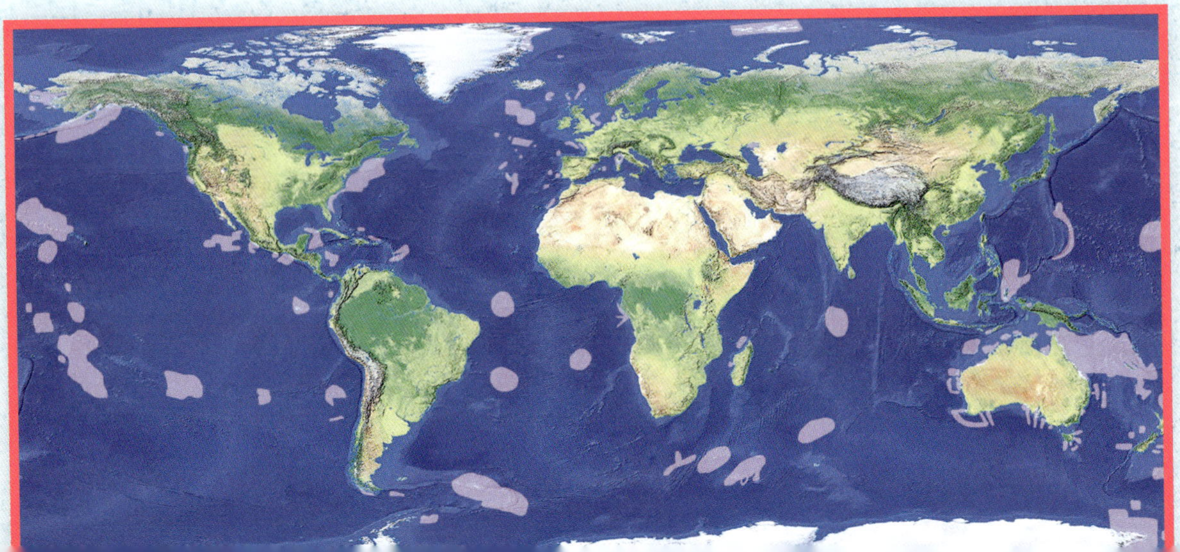

Wann wird es wieder kühler?

Neben dem Verlust der Artenvielfalt ist der Klimawandel die größte Bedrohung des Lebens im Meer. Um den Ausstoß von Klimagasen wie CO_2 oder Methan zu verringern, müssen wir schnelle Maßnahmen umsetzen. Am besten sollte unsere Energie nicht mehr länger aus der Verbrennung von Kohle, Gas oder Öl stammen, sondern durch erneuerbare Energien produziert werden. Auch beim Reisen sollten wir fossile Rohstoffe sparen. Außerdem benötigt zum Beispiel die Produktion von Fleisch und anderen tierischen Produkten wie Käse oder Milch viel Energie. Jede Minute wird eine Fläche Wald abgeholzt, die der Größe von etwa 30 Fußballfeldern entspricht – und das hauptsächlich für den Anbau von Futterpflanzen und zur Nutzung als Weidefläche. Zudem produzieren die mehreren Milliarden Nutztiere wie Schweine, Rinder und Hühner klimaschädliche Gase. Wenn wir unseren Fleischkonsum deutlich reduzieren und Fleisch keine Billigware mehr ist, helfen wir also ebenso, den Klimawandel in der Zukunft abzubremsen und die Folgen in den Ozeanen abzumildern.

Weddellmeer

Das riesige Randmeer in der Antarktis könnte bald das größte Schutzgebiet der Erde werden. Aber einige Länder sind gegen diesen Plan, weil sie dort Fisch und Krill aus dem Ozean holen wollen.

Lachs

Lachs ist ein beliebter Speisefisch. Doch die meisten Wildlachsarten gelten bereits als überfischt und auch Zuchtlachs ist keine nachhaltige Alternative.

Was kann ich tun?

1. Fisch

Wenn du Fisch kaufst, hilft dir ein Fischratgeber einer Naturschutzorganisation. Er zeigt dir, welche Arten noch nicht überfischt sind. Fisch ist ein besonderes Nahrungsmittel, das es nicht jeden Tag geben kann.

2. Seife

In vielen Shampoos oder Kosmetika ist Mikroplastik enthalten. Es gibt aber plastikfreie Alternativen, die besser für die Umwelt sind. Denn über den Abfluss gelangen die Stoffe in unsere Gewässer und schließlich in die Ozeane.

3. Plastik

Anstatt Plastiktüten zu verwenden, ist es besser, seine eigenen Taschen zum Einkaufen mitzunehmen. Auf Plastikverpackungen kann man zum Beispiel auch beim Kauf von losem Obst und Gemüse verzichten.

4. Naturschutz

Wenn du möchtest, kannst du außerdem Naturschutzorganisationen unterstützen, die sich für den Schutz der Meere und ihrer Bewohner einsetzen.

Schon gewusst?

An der Meeresoberfläche schwimmt weniger als ein Prozent des Mülls im Meer. Der größte Teil ist schon abgesunken und lässt sich nicht mehr herausfischen.

Die Zukunft unserer Meere

Anstieg des Meeresspiegels

Bei einer globalen Erwärmung um fünf Grad Celsius würde der Meeresspiegel so weit ansteigen, dass sich viele Küsten verändern. Viele Gebiete wären dann unbewohnbar.

Unsere Ozeane bedecken mehr als zwei Drittel der Erdoberfläche und sind das größte Ökosystem unseres Planeten: Sie sind der Lebensraum für unzählige Arten von Fischen, Vögeln, weiteren Tieren und Pflanzen. Die Meere bieten uns Menschen Nahrung und sind wichtig für das Klima, denn sie produzieren Sauerstoff und nehmen gleichzeitig riesige Mengen von Kohlenstoffdioxid auf. Ihre größte Gefahr sind wir Menschen, weswegen es wichtiger denn je ist, sie zu schützen.

Meeresspiegelanstieg – die unausweichliche Bedrohung

Ein massives Problem, das uns in Zukunft noch stark beschäftigen wird, ist der weiter fortschreitende Anstieg des Meeresspiegels. Allein in den vergangenen 100 Jahren ist er um rund 20 Zentimeter gestiegen. Und weil der Mensch bereits sehr hohe Mengen an Treibhausgasen freigesetzt hat, wird der Meeresspiegel noch viele Jahrhunderte lang weiter ansteigen. Manche Berechnungen sagen voraus, dass der Meeresspiegel in nur 300 Jahren um ganze fünf Meter steigen könnte. Die Erhöhung des Meeresspiegels birgt besonders große Gefahren für Menschen, die direkt an der Küste leben. Doch nicht nur flache Inseln wie die Malediven im Indischen Ozean sind gefährdet. Auch die auf Meereshöhe liegenden Inseln in der deutschen Nordsee, die Halligen, sind davon bedroht.

Ozeane wachsen und schrumpfen

Ozeane können ihre Größe ändern und im Laufe der Zeit sogar verschwinden. Noch wird der Atlantik größer. Denn aus den Spalten des Mittelatlantischen Rückens strömt ununterbrochen Lava, die den Meeresboden auf beiden Seiten des Rückens wegdrückt. So rücken Amerika und Europa pro Jahr circa zwei Zentimeter auseinander. Die Erdplatte des Pazifiks dagegen taucht an allen Seiten unter die benachbarten Platten. Daher wird der Pazifik immer kleiner und in vielen Millionen Jahren vermutlich sogar verschwinden.

Schon gewusst?

Bis zum Jahr 2050 könnten 300 Millionen Menschen durchschnittlich einmal im Jahr von Überflutungen betroffen sein. Weltweit versuchen deshalb Forscher die Frage zu beantworten, wie schnell und auch wie stark der Klimawandel das Wasser steigen lassen wird.

Die Zukunft?

Werden wir in Zukunft vielleicht auch in künstlichen Städten mitten im Meer leben? Architekten haben schon erste Entwürfe gemacht.

Energie aus dem Meer

In unseren Meeren stecken unvorstellbare Kräfte. Sie sind eine quasi unerschöpfliche Energiequelle. Gewaltige Wassermassen werden von Wind, Ebbe, Flut und Strömungen bewegt. Aus diesen natürlichen Bewegungen lässt sich Strom gewinnen. Anstatt umweltschädlicher Kohle- oder Atomkraftwerke können wir zum Beispiel saubere Gezeitenkraftwerke, Strömungskraftwerke und Wellenkraftwerke bauen.

Die Gewinnung von Strom aus dem Meer ist umweltfreundlich. Weder CO_2 noch andere umweltschädliche Stoffe entstehen dabei. Allerdings steht diese Nutzung der Energie aus dem Meer im Vergleich zu Wind- und Sonnenenergie erst am Anfang. Es gibt noch einige Hürden zu überwinden. Doch Experten sehen darin eine große Chance für die Zukunft.

Europa

Die Weltraumagentur ESA will 2022 mit der Untersuchung des Mondes Europa beginnen.

Ozeane auf fremden Planeten

Wissenschaftler, die mögliches Leben außerhalb der Erde erforschen, sind der Meinung, dass es auch auf anderen Planeten Ozeane geben könnte. Die höchste Wahrscheinlichkeit in unserem Sonnensystem vermuten sie auf Europa, einem der vielen Monde des Planeten Jupiter. Dort beträgt die Temperatur an der Oberfläche rund minus 150 Grad Celsius. Aber unter dem Eis gibt es wahrscheinlich mehr flüssiges Wasser als auf der Erde. Die Forscher glauben, dass dieser Ozean bis zu 100 Kilometer tief sein könnte. Und wo es Wasser gibt, kann es auch Leben geben. Deshalb ist eine Mission zum Eismond Europa geplant. Dazu bauen Wissenschaftler Eisschmelzsonden wie SUSI. Solche Sonden können sich durch das mehrere Kilometer dicke Eis schmelzen und in einen darunterliegenden Ozean eintauchen. Allerdings werden die Sonden wohl erst im Jahr 2029 dort landen und ihre Arbeit beginnen.

Wasserkraft

Schon die alten Griechen und Römer haben die Kraft des Wassers genutzt, etwa um Mühlen anzutreiben. Wasserkraft könnte aber auch in Zukunft eine sehr wichtige Rolle spielen.

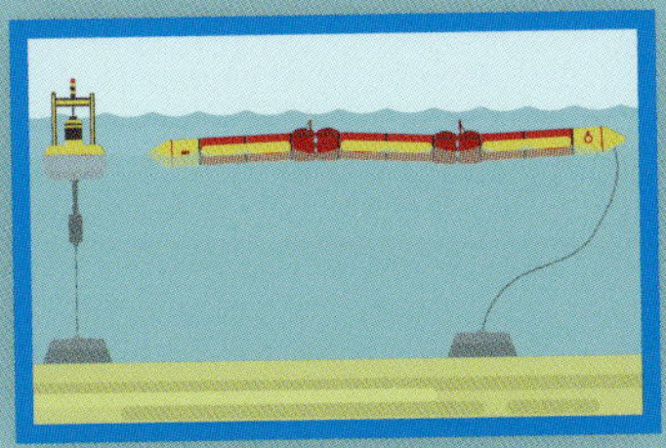

Wellenkraftwerk

Hier wird die Energie der Bewegung genutzt, die große und kleine Wellen in allen Meeren fortwährend abgeben.

Strömungskraftwerk

Es nutzt die Kraft, die in den Gezeitenströmungen steckt. Wie ein Windrad kann es mitten im Meer stehen – nur dass die Räder unter Wasser liegen und sich drehen.

Rochen leben in fast allen Ozeanen. Sie gleiten elegant durchs Wasser und ernähren sich von Tieren, die am Meeresboden leben.

Glossar

Atmosphäre: Gasförmige Hülle um einen Planeten. Die Erdatmosphäre etwa erstreckt sich in bis zu 100 Kilometern Höhe.

Beifang: Meerestiere, die in einem Fischernetz landen, aber eigentlich nicht das Ziel der Fischerei sind.

Erdplatten: Teile der Erdkruste, die aus sieben großen und mehreren kleinen Platten besteht. Sind aus festem Gestein und schwimmen auf den tieferen Erdschichten, dem Erdmantel. Der Erdmantel ist selbst an den kühlsten Stellen viele Hundert Grad Celsius heiß und zähflüssig.

Fossile Brennstoffe: Erdgas, Erdöl und Kohle. Sie sind durch geologische Prozesse aus Lebewesen entstanden, die vor Millionen Jahren gestorben sind. Bei ihrer Verbrennung entsteht Energie.

Gezeiten: Das Zusammenspiel von Ebbe und Flut. Flut ist der Zeitraum des ansteigenden Wassers und Ebbe der Zeitraum des absinkenden Wassers.

Golfstrom: Große, warme Meeresströmung im Atlantik, die für ein mildes Klima in Europa sorgt.

Hochsee: Alle Meeresgebiete, die weiter als 200 Kilometer von Land entfernt sind und nicht zu Hoheitsgewässern anderer Länder gehören.

Kelpwald: Wald unter Wasser, der aus großen Braunalgen besteht, die mehrere Meter hoch werden. Wächst vorwiegend im Flachwasser kälterer Meere.

Klimawandel: Veränderung des weltweiten Klimas. Aktuell verstärkt der Mensch durch den Ausstoß von zu viel Treibhausgasen den Treibhauseffekt. Daher wird es auf der Erde immer wärmer.

Kohlendioxid (CO_2): Farb- und geruchloses Gas. Es entsteht bei der Verbrennung von fossilen Brennstoffen sowie beim Ausatmen und ist auch in der Erdatmosphäre enthalten.

Korallen: Festsitzende, einfache Tierchen, die in Kolonien wachsen und riesige Riffe bilden können, die Korallenriffe.

Meeresschutzgebiet: Bereich im Ozean, der besonders geschützt werden soll, damit sich zum Beispiel manche Tierarten wieder vermehren können.

Mikroplastik: Plastikteilchen, die kleiner als fünf Millimeter sind. Sie entstehen unter anderem aus größeren Teilen wie Plastikflaschen oder Plastiktüten.

Mittelozeanischer Rücken: Gebirgszug in den Ozeanen zwischen zwei auseinanderdriftenden Erdplatten. Durch austretende Lava entsteht hier neuer Meeresboden.

Monsterwellen: Riesige Wellen, auch Freak Waves genannt, die mehr als 30 Meter hoch werden können.

Nahrungskette: Beschreibung der Beziehungen zwischen Lebewesen in einem Lebensraum. Am unteren Ende stehen meistens Pflanzen, die Fotosynthese betreiben, am oberen Ende große Raubtiere wie Eisbären oder Haie, die kleinere Lebewesen fressen.

Plankton: Lebewesen, die frei im Wasser leben und sich mit den Wasserströmungen bewegen. Plankton gibt es in verschiedenen Größen: von kleinsten Bakterien bis hin zu metergroßen Quallen.

Positive Rückkopplung: Mechanismus, der einen bestehenden Einfluss verstärkt. Durch die globale Erwärmung etwa schmilzt das helle Meereis und kann keine Sonnenstrahlen mehr reflektieren. Das so zum Vorschein kommende, dunkle Meerwasser nimmt mehr Sonnenstrahlen auf und verstärkt damit die Erwärmung des Ozeans.

Thermohaline Zirkulation: Durch Temperatur- und Salzkonzentrationsunterschiede angetriebene Bewegung von Wassermassen. Sie sorgt in den Weltmeeren für eine andauernde Umwälzung riesiger Wassermengen.

Tiefsee: Ab einer Wassertiefe von etwa 200 Metern spricht man von der Tiefsee. Je weiter es hinab in die Tiefe geht, umso dunkler und kälter wird es.

Treibhauseffekt: Treibhausgase wie CO_2 werden in der Atmosphäre gespeichert und sorgen dafür, dass weniger Wärme ins Weltall zurückgestrahlt wird und die Erde nicht auskühlt. Doch wenn sich zu viele Treibhausgase ansammeln, steigt die Durchschnittstemperatur der Erde immer weiter an.

Tsunami: Welle, die entsteht, wenn plötzlich große Wassermassen verdrängt werden. Das passiert zum Beispiel, wenn sich der Meeresboden bei einem Erdbeben hebt und senkt oder wenn große Erd- und Gesteinsmassen ins Wasser rutschen. Tsunamis können sich in Landnähe zu riesigen Wellen aufbauen und enorme Zerstörungen verursachen.

Überfischung: Wenn in einem Meeresgebiet durch die Fischerei mehr Fisch gefangen wird, als nachwachsen kann, spricht man von Überfischung. Der Bestand schrumpft.

Bildquellennachweis: Archiv Tessloff: 41ur, 46or; flickr: 6-7om (CC BY 2.0/NASA/rawpixel.com), 6u (CC BY 2.0/NASA's Goddard Space Flight Center Conceptual Image Lab), 23or (CC BY 2.0/Hidden Ocean Expedition 2005/NOAA/OAR/OER), 23ur (CC BY 2.0/University of Washington; NOAA/OAR/OER), 23um (CC BY-SA 2.0/NOAA Okeanos Explorer Program, Galapagos Rift Expedition 2011), 25ur (CC BY-SA 2.0/Submarine Ring of Fire 2002, NOAA/OER), 26ur (CC BY 2.0/NOAA's National Ocean Service); GEOMAR: 15m (Karen Hissmann); Huber, Florian: 4om, 4-5Hg., 5ul; Kunz, Uli: 4or (Thomas Mauch), 5ml, 15ol (Submaris); mauritius images: 29ul (Ross Armstrong/Alamy); picture alliance: 1 (imageBROKER/SeaTops), 3ul (Paulo de Oliveira/NHPA/Avalon), 3ol (Rossi/Bildagentur-online), 7om (Globus Infografik/dpa Grafik), 8-9Hg. (Saurer/Bildagentur-online), 11m (Archiv für Kunst & Geschichte/akg-images), 11or (Mary Evans Picture Library), 11ur (CPA Media Co. Ltd), 12ml (Wulf Pfeiffer/dpa), 13or (John Hyde/Design Pics), 22ul (Tiefsee: A. Schäfer/dpa-infografik), 28or (T. Eidenweil/imageBROKER), 28ul (SeaTops/imageBROKER), 29ol (Mary E. Rumpho-Kennedy/University of Maine/dpa), 29mr (AP Photo/Ifremer, A. Fifis), 29or (G. Bell/WILDLIFE), 31or (nach Willy Stoewer/akg-images), 32o (Rossi/Bildagentur-online), 32ur (Photoshot), 33or (Farah Abdi Warsameh/ASSOCIATED PRESS), 33u (Wolfgang POELZER/Zoonar), 35mr (Ugo Sarto/ASSOCIATED PRESS), 36-37Hg. (Patrick Pleul/dpa-Zentralbild), 37ol (GTW/imageBROKER), 37um (Malcolm Schuyl/FLPA/imageBROKER), 37ur (Michael Nolan/Robert Harding), 38mr (Paulo de Oliveira/NHPA/Avalon), 44or (Paulo de Oliveira/NHPA/Avalon), 44mr (Yuri Smityuk/TASS/dpa), 45ul (Ashley Cooper/Global Warming Images); Shutterstock: 2ml (SARAWUT KUNDEJ), 2ur (martin_hristov), 2or (Terry Kent), 3mr (u3d), 4ul (highD), 5or (Ian Scott), 7or (Dotted Yeti), 7ur (Dotted Yeti), 10-11Hg. (roberaten), 10mr (patrimonio designs ltd), 10-11um (Harbar Liudmyla), 12Hg. (roberaten), 12o (atm2003), 12ul (Terry Kent), 13mr (azure1), 13u (Darios), 16-17Hg. (somavarapu madhavi), 16ur (Max Topchii), 16mr (pukao), 17ur (Designua), 18o (Designua), 18-19Hg. (roberaten), 18mr (BlueRingMedia), 19mr (Elena Savva), 19o (Eisbär: Aniko Gerendi Enderle), 19o (Ringelrobbe: Sergey Uryadnikov), 19o (Dorsch, Zooplankton, Kieselalgen: BlueRingMedia), 20Hg. (Anita Kainrath), 20or (TasfotoNL), 21Hg. (roberaten), 21ol (SARAWUT KUNDEJ), 21mr (Aerial-motion), 21u (Ethan Daniels), 22ul (Quallen: BlueRingMedia), 22ul (Fische: Overearth), 22or (superjoseph), 24-25Hg. (roberaten), 24or (martin_hristov), 25or (David A Litman), 26ol (blue-sea.cz), 26-27Hg. (Pablo Joanidopoulos), 28-29Hg. (unterwegs), 28ur (Christopher Meder), 30-31Hg. (ArnoldW), 30m (Designua), 30or (Borkin Vadim), 31ul (gladder), 31ur (Hoiseung Jung), 32Hg. (roberaten), 34-35Hg. (James Jones Jr), 35ol (tunasalmon), 36u (brichuas), 38or (frotos), 38ul (Emil Litov), 40u (FloridaStock), 41Hg. (roberaten), 41om (Ethan Daniels), 41or (Fiona Ayerst), 41ul (Bildagentur Zoonar GmbH), 42-43Hg. (Leighton Collins), 42or (pfshots), 42ul (corbac40), 43or (VisionDive), 43m (Mike Mareen), 44-45Hg. (roberaten), 44ul (Kitnha), 45or (Sergey Ryzhov), 45m (Vova Shevchuk), 45mr (Nils Z), 46um (u3d), 47or (Oleksandr Derevianko), 47mr (Alejo Miranda), 48or (StudioSmart); Wikipedia: 7um (PD/CC0 1.0/Berann, Heinrich C., Heezen, Bruce C., Tharp, Marie), 7mr (CC BY-SA 3.0/Matteo De Stefano/MUSE), 14ol (PD/W. H. Overend), 14u (CC-BY 4.0/Janek Uin), 17o (CC BY 2.0/Pierre Roudier), 24ul (CC BY-SA 3.0 cl/B1mbo), 27o (CC BY-SA 3.0/Gretarsson), 27mr (CC BY-SA 3.0/Wusel007), 38-39Hg. (CC BY-SA 3.0/Reio Rada), 39or (PD/NOAA/SST Kathy Hough), 40mr (PD/NASA scientist Joey Comiso), 47ml (PD/NASA/JPL-Caltech)

Umschlagfotos: Nature Picture Library: U1 (Brandon Cole); Shutterstock: U4 (Oskar Calero)

Burgschmietstraße 2–4, 90419 Nürnberg
qualitaet@tessloff.com
www.tessloff.com

Autor: Dr. Florian Huber, Uli Kunz
Grafik: independent Medien-Design
Lektorat: Lorena Lehnert
Bildredaktion: Susanne Wiechert
Druck: Livonia

ISBN 978-3-7886-2114-8